労働力価値論の
現代的意義

小川　和憲
小川　隆弘 著

鉱脈社

目　　次

序章　資本主義の危機……………………………………………………………　5

第1章　現代日本資本主義と諸学説の検討───── 9

㈠　新自由主義＝構造改革論（野口悠紀夫氏の見解を中心に）……………………　9

㈡　定常学派（水野和夫氏，広井良典氏など）…………………………………………　10

㈢　ケインズ右派（リフレ派，アベノミクス支持）……………………………………　11

㈣　ケインズ左派（リベラル派）…………………………………………………………　14

㈤　マルクス経済学派　…………………………………………………………………　16

【補論】　斎藤幸平氏の見解について ……………………………………………　19

第2章　労働力価値論の検討───────── 25

㈠　労働力価値論を研究する現代的意義 ………………………………………………　25

㈡　労働力価値概念とその拡大　………………………………………………………　25

㈢　家事労働に賃金を支払うべきか否か ………………………………………………　28

㈣　ジョブ型雇用と家事労働 ……………………………………………………………　30

㈤　エッセンシャル・ワーカーの低賃金問題 …………………………………………　31

㈥　労働力価値の長期的・短期的変動 …………………………………………………　34

㈦　労働力価値論と史的唯物論 …………………………………………………………　35

第3章 貧困の拡大再生産について ——— 49

(一) 現代の貧困の状況とその特徴 …………………………… 49

(二) 貧困再生産の理論的研究 ……………………………… 52

(三) 必要生活費と生活保護水準 …………………………… 56

(四) 貧困化法則の歴史的意義 ……………………………… 58

第4章 出生率低下と人口減少 ——— 65

(一) 出生率低下と人口減少研究の意義 …………………… 65

(二) 人口転換理論と差別出産力 …………………………… 65

(三) 最近の日本の出生率と人口の動向 …………………… 68

第5章 ベーシックインカム（BI）と社会保障 ——— 73

(一) BI導入に関する議論の背景 …………………………… 73

(二) 諸外国におけるBIの試み …………………………… 74

(三) BIのメリットについて ……………………………… 75

(四) 指摘されているBIの問題点 ………………………… 77

(五) BIに関する私見 ……………………………………… 78

結びにかえて………………………………………………… 90

労働力価値論の現代的意義

序章　資本主義の危機

　資本主義の危機が深まっている。

　第一に，過剰生産による実体経済の停滞である。現代資本主義の本質的特徴は，巨額の設備投資と大量生産である。巨額の設備投資のため，大量に生産，販売しなくては利潤が得られない。そのため過剰生産となり，資本主義の危機となるのである。経済のグローバル化とも関連して海外生産と国内経済の空洞化もあり，先進国の年平均経済成長率は，1960年〜80年には3.2%だったのが，1980年〜2010年には1.8%に低下し，長期停滞状況に陥っている。

　第二に，大規模金融緩和による過剰資本の蓄積と経済の不安定化，頻繁なバブル発生とその崩壊である。国際金融協会によると，2017年３月の世界の公的部門と民間部門の合計債務は217兆ドルと2000年比1.5倍，対GDP比330％に増大した。また世界の金融資産残高は2006年167兆円と1995年の2.6倍に増加した。その結果，たびたび金融危機が発生している。1987年にはアメリカのブラックマンデーと日本のバブル発生，1997年の世界通貨危機，2001年のITバブル崩壊，2008年のリーマンショックとサブプライム危機，2009年以降のユーロ危機などである。こうした金融危機の背景には，デリバティブ，ヘッジファンド，レバレッジ，証券化，CDS（クレジット・デフォルト・スワップ）やCDO（債務担保証券）等の金融工学を利用したカジノ資本主義，投機資本主義化の進展がある。

　第三に，格差社会と貧困，中間層の没落などである。株主資本主義化が進み，目先の利益を追求，その結果，研究開発投資などが軽視され，実体経済の衰退とともに，巨大な利潤が投資されず内部留保されていること，資産および所得の格差，貧富の差が著しく拡大した。世界不平等研究所「世界の不平等レポート2022」によると，世界のトップ10%の裕福な家庭が所有する富は全体の75.6%，ボトム50%の貧しい家庭が所有する富は全体の２%に過ぎない。また世界銀行は，１日1.9ドル（約200円）未満で暮らす「極度の貧困層」が2020年度に７億人を超えると推計している。そして先進国では中間層が没落し，社会

の分断や右傾化などの危機（ヨーロッパやアメリカの移民をめぐる対立，フランス「国民戦線」や「ドイツのための選択肢」（AFD）などネオナチや右翼的なポピュリズムの台頭，没落するラストベルト地帯の白人労働者や宗教右派が支持するアメリカのトランプ現象，日本のヘイトスピーチやヘイトクライムなど）をもたらしている。

　第四に，途上国の人口爆発と先進国の出生率低下・人口減少である。途上国の人口爆発（国連は2050年代後半の世界人口は100億人を突破すると推計）は資源や食料不足を激化させるし，環境破壊をもたらしかねない。先進国の人口減少は労働力不足と需要不足をもたらし，経済を停滞させることが懸念されている。

　第五に，環境破壊と食料危機である。IPCC第 6 次統合報告書（2023年 3 月）は，世界の平均気温は産業革命期に比べ2030年代には1.5度上昇する可能性があるとし，洪水や熱波など異常気象が多発していると警告している。また国連食糧農業機関（FAO）と世界食糧計画（WFP）によると，紛争や自然災害で深刻な食料不足に陥った「急性飢餓人口」は2022年には58か国・地域で 2 億5,800万人となり，2021年の 1 億9,300万人から大幅に増加した。

　このように世界資本主義は危機的状況にあるが，とりわけ日本資本主義は人口減少と世帯の縮小，およびバブル崩壊後の経済危機が深刻である。

　総務省の2023年10月 1 日時点の人口推計によると，日本人は前年同月比83万7,000人減となり，比較可能な1950年以降で過去最大の落ち込みとなる。また国立社会保障・人口問題研究所の推計によると，日本の世帯数は2050年度に全世帯5,261万世帯になるが，その44.3％に当たる2,330万世帯が一人暮らしとなり，全世帯のうち65歳以上は1,084万世帯で全体の20.6％ を占める。世帯の平均人数も33年に1.99人と初めて 2 人を割り込む。その結果，労働力の再生産が困難となり，労働力人口の不足が懸念されている。また家族規模の縮小は生活基盤を弱体化させ，貧困を再生産する大きな要因となっている。

　そしてGDPの成長は停滞し，一人当たりGDPは大きく低下している。1997年を100とすると，日本の名目GDPは2013年に95に（英米 2 倍，ユーロ1.6倍），一人当たりGDPは2010年度18位から17年度25位に低下している。投資は増え

ず，労働生産性も停滞している（熊野英生「なぜ日本の会社は生産性が低いのか」文春新書，2015年）。また実質賃金は長期間にわたって減少しつつある。その結果「失われた30年」といわれる状況が続いている。そうした中で日本の格差と貧困が拡大している。日本の平均賃金は1997年461万円，2013年414万円に低下，他方大企業の経常利益は1997年比で2016年は2.81倍に増加している。そのため，日本の経済力低下と「貧困化」に関する文献が多く出版されている。加谷珪一「貧困国ニッポン」（幻冬舎新書，2020年），同「スタグフレーション――生活を直撃する経済危機」（祥伝社新書，2022年），中藤玲「安いニッポン。『価格』が示す停滞」（日経プレミアシリーズ，2021年），唐鎌大輔「『強い円』はどこへ行ったのか」（日経プレミアシリーズ，2022年），NHKスペシャル取材班「中流危機」（講談社現代新書，2023年）などである。

　他方で実体経済の停滞にもかかわらず，企業の内部留保が膨大化し，異次元金融緩和で株価や大都市の不動産価格が高騰するなど，バブル状況になっている（2024年2月22日に日経平均株価の終値は3万9,098円となり，バブル経済期の1989年12月29日の水準を上回り，約34年ぶりに史上最高値をつけ，さらに3月4日には史上初めて4万円を超えた）。そして最近は食料危機（日本の食料自給率は公表では38％であるが，鈴木宣弘氏や高橋五郎氏のように10％台という研究者もいる。さらに食料を中国などに買い負けする日本が指摘されている），エネルギー危機と原油高，円安によるインフレなどで国民生活の悪化が進んでいる（スタグフレーション）。そして国債の大量発行による財政危機なども進んでいるが，日銀は金融緩和をやめられず，「出口問題」が大きな課題となっている。

　こうした危機に対して，様々な考えが生まれている。新自由主義的構造改革論，定常型社会論，リフレ論（異次元金融緩和），MMT理論，ベーシックインカム論，アソシエーション社会論などである。そしてAIの発展で，一方で雇用喪失の危険性と格差の一層の拡大，他方で資本主義の危機と新しい社会（限界費用ゼロ社会，分散型・共同組合社会主義など）の可能性が主張されている。

　この小著では，現代資本主義の危機をもたらしている諸要因を，労働力価値論との関連で分析する。高橋信彰氏は，ケインズの限界として，ケインズは格差と貧困について考えなかったことを指摘，その上でケインズとマルクスの共通点として，利潤率の低下が資本主義の危機をもたらすこと，日本経済の危機

はどこに現れているかについては，貨幣の増殖運動（剰余価値搾取）と賃金による労働力の再生産が両立できなくなる時，資本主義は安楽死すると指摘されている（「ケインズはこう言った」。NHK出版新書，2011年。p.186）。今日の資本主義の停滞の一つの重要な要因が必要生活費と賃金の格差の拡大（「労働力価値」と賃金の格差の拡大）であり，それが貧困を拡大し中間層の没落をもたらし，さらに出生率の低下（労働力の再生産が不可能となる）と需要不足による経済停滞などをもたらしていることである。

　この著書の研究の方法としては，既成理論の解釈や単なる現象の記述はしないようにしたい。例え不十分なものであっても，現状の分析から，自分なりに新たな法則性・規則性を抽出し，それを定式化するという方法をとりたい。これこそが経済学の正しい研究方法（「具体から抽象へ」）と考えるからである。そして目先の景気対策などの現象にこだわらず，大きな社会の発展法則のとのかかわりで考えることである。不十分な点が多々あるかもしれないが，ご寛恕いただきたい。問題提起にでもなれば幸いである。

第1章 現代日本資本主義と諸学説の検討

　この章では，後述する労働力価値論と関係する範囲で，行き詰った日本資本主義の現状に関する主要な学説を概説する。

㈠　新自由主義＝構造改革論（野口悠紀夫氏の見解を中心に）

　電機産業など製造業の停滞で，各種「競争力ランキング」における日本の経済力の低下，ITなどの先端産業への特化と旧産業のスクラップ化の必要性，起業の推進，経済のグローバル化推進，農業や下請け中小企業の整理（選択と集中），社会保障削減と民営化（高齢者の年金削減や企業の社会保障負担引き下げ），法人税減税と消費増税などを主張。そしてリフレ政策は円安と株高をもたらしただけで，技術発展を遅らせて，日本経済を活性化しなかったと批判する。国際分業で日本農業の整理縮小（食料自給率は低いほど良いとする。外国から安い農産物を輸入できるため）を，日本の電機産業の凋落の原因としてIT化の遅れと水平分業の遅れを指摘し，下請け企業の整理などを主張している（水平分業の促進）。また労働力不足に対しては，製造業の海外移転と外国人労働者を増やすこと，労働の規制緩和を促進し，フリーランスを増やすことを主張している。

　この見解は，ITなど先端産業での技術革新（イノベーション）を促進すれば企業が成長し，雇用も増える（AIなどで雇用が減っても，新たな産業分野が発展して雇用全体は増える）という考え方であろう。野口氏を新自由主義者とすることについては異論があるかもしれないが，上述の野口氏の考えは従来の新自由主義的考え方とほぼ同じである（注1）（注2）。

　新自由主義を批判している研究者は多いが，ここでは柴山佳太氏と大瀧雅之

氏を取り上げよう。柴山氏は現代の経済危機（リーマンショックなど）は構造的なもの＝「静かなる大恐慌」とし，その原因は，①貧富の格差の拡大，②グローバル化の中で，1990年代のドル高政策により，アメリカに世界中の資金が流入したこと，③不安定化する資本主義（格差拡大，法人税や富裕層減税，国内産業の空洞化）であるとする。その上で新自由主義への規制強化，「投資の社会化」（公共事業，社会的共通資本，共同体育成など）を主張している（注3）。大瀧雅之氏は，「平成不況」の原因は失業と低賃金であり，それは海外直接投資が招いたとされる。海外直接投資が産業空洞化と技術継承を困難にさせたとし，「日本的経営」と「日本的雇用慣行」の重要性を指摘している（注4）。さらに服部茂幸氏や菊地英博氏，柴田徳太郎氏なども新自由主義がバブルをもたらしたと批判している（注5）。

　筆者は起業そのものを否定しないが，野口氏の言われるように起業によって生産力を発展させることができたとしても，労働の規制緩和，農業や下請け中小企業の整理，企業の海外展開を進めていけば，産業の空洞化や格差と貧困を拡大し，そしていずれは途上国を含めた諸外国も生産力を高め，世界的競争激化と需要不足による経済停滞と不安定化（バブルとその崩壊）をもたらすことは疑いないと考える。このことは1980年頃から約40年間にわたる新自由主義経済政策の結果を見れば明らかである。そしてこの派の最大の問題点は，眼前の経済成長に目を奪われ，経済成長至上主義が人々に幸福をもたらしたか，あるいは環境を破壊しなかったかの反省が全く見られないことである。それとともに農業の一層の自由化を促進するのは，世界の食糧危機が叫ばれている現代，食料安全保障の観点から大変危険であるということである。

（二）　定常学派（水野和夫氏，広井良典氏など）

　水野和夫氏は，資本主義の行き詰まりの原因としてフロンティアの消滅，利子率ゼロ化，したがって利潤率ゼロ化を指摘する（注6）。この点は現代資本主義の停滞の原因を正確に把握されており，正しい指摘である。また広井良典氏は少子高齢化や過剰生産などで成長が限界となり，これからは「緑の福祉国家または持続可能な福祉社会＝定常型社会」を目指すべきこと，そこでは福祉や

環境，文化，まちづくり，農業やコミュニティ経済が重視されるとする（注7）。

　この広井氏の見解は重要であり，かつ興味深い。しかし両氏とも資本主義に代わる新たな社会がどういう社会かということについては，必ずしも明確ではない。水野氏は生産力の発展を否定され，社会主義も生産力の発展を前提としているとして，社会主義も否定されている。そうすると資本主義でも社会主義でもない，新たな社会はどういう社会なのかということが不明である。広井氏は北欧型の福祉国家を目指されているようである。しかし北欧諸国は生産力の発展を基礎としていること（高い生産性が福祉の基盤となっている）は多くの研究者が指摘している（注8）。生産力の発展なくして福祉国家は可能かという疑問がある。さらに水野氏も広井氏もともに生産力の発展そのものを否定されるのも問題である。生産力それ自体を否定するのではなく，その資本主義的あり方を批判すべきである。生産力の発展を大量生産・大量消費・大量廃棄に向けるのではなく，労働時間の短縮や労働の軽減に向けるべきである。なお最近，「定常化社会」に関する文献が多く出ているので，その一部を参考資料として掲載しておく（注9）。

（三）　ケインズ右派（リフレ派，アベノミクス支持）（注10）

　この派は，金融引き締めや緊縮財政に反対する。金融の大緩和（非伝統的金融政策）とインフレ目標を主張。日銀による国債の直接引受（「財政ファイナンス」）を支持する。さらに日銀による国債引受に反対する諸見解（①財政に歯止めが無くなる，②ハイパーインフレになる，③国債が暴落した時，日銀券の信用が低下する，④量的緩和やゼロ金利は短期金融市場の機能を低下させる，⑤ゼロ金利や量的緩和には効果がないとする見解など）を批判し，日銀法改正（1997年，翌年4月施行。日銀の政府からの独立，通貨と物価安定を目指す）も批判する。そして異次元金融緩和で雇用が増えたこと，企業の利潤が高まったことなどを指摘する（注11）。しかし格差拡大や貧困などについては，あまり言及していない。

　ここで，異次元金融緩和策に関する主な批判を見ると，

(a)　マネタリーベース（MB）は大量に増えたが，マネーストック（MSt）はそれほど増えず（貨幣数量説的な誤り＝貨幣の蓄蔵機能無視），供給された貨幣が

市中に出回らず（実体経済に向わず），対外投資や株式に流れ，マネー経済が深まったこと，日銀の収益構造が株式依存するようになっていること（日銀は，2023年3月末で，時価総額53.1兆円の株式を所有しており，最大の株主となっている），国庫納付金を通じて国と日銀の不明朗な相互関係になっていること。

(b) 貨幣を大量に供給しても成熟社会では効果が無いとの批判（「成熟社会論」）。

(c) 円安やエネルギー危機・食料危機による高いインフレと実質賃金の低下・格差拡大（一方で低所得層の増加と他方では株でぼろ儲けする人たち）。

(d) 円安による国力低下。貿易赤字や経常収支の悪化など。

(e) マイナス金利による市中銀行，特に地方銀行の経営悪化。

(f) 輸出数量は増えなかったし，実質賃金と可処分所得の低下，消費の低迷。

(g) 異次元緩和でゾンビ企業を温存させ，技術革新を停滞させたこと。

(h) 異次元金融緩和をやめたくてもやめられない，やめたら国債利回りの高騰と財政利払いが増大すること，さらに景気が悪化する可能性が高いこと（いわゆる「出口問題」）。

(i) リフレ派はアベノミクスの結果雇用が増えたというが，それは少子高齢化による労働力不足，特に医療・福祉労働者の不足などの結果であり，しかも増えたのは非正規労働者が中心であった，という批判である(注12)。

　リフレ派に関する筆者の疑問を述べよう。リフレ派は，低成長や低賃金，失業などの原因をデフレにあるとするが，そうだろうか。逆ではないだろうか。デフレでは，不況でモノが売れない→利益減少→賃金引下げ→モノが売れない……となるはずである。デフレなら企業の利益は減少するはずだが，大企業の内部留保が莫大な額になっていること，巨額の株主配当や役員報酬を考えると，大企業の利益が減少しているとは思えない。大企業は儲けているのに，投資をしない，あるいは賃金を上げないこと，企業の海外展開による国内産業の空洞化と「下請代金の買いたたき」（2024年3月13日の宮崎日日新聞によると，産業別組合JAMの集計で，2000年から2023年に間に大企業と中小企業の間で賃金差額が最大3倍に拡大したが，その背景に下請代金の買いたたきがあった。実際，3月5日の同新聞では，最近数年間で日産が下請け30社超に計30億円にのぼる支払代金の減額を強要していた。過去数十年間常態化していた可能性もある）による中小企

業の経営悪化などがあるのではないか。大企業はこうして儲けた利益を投資も
せず，賃上げもせず，内部留保したためにデフレになったのではないか。デフ
レの原因となるこうした諸問題を放置したままで，いくら貨幣を大量供給して
もデフレの克服は不可能であり，せいぜいスタグフレーションとバブルになる
のではないか。

　佐藤拓也氏はデフレ＝日本資本主義の長期低迷の原因を，投資を抑制するこ
とによって利潤率を引き上げようとしたため，労働生産性が伸び悩み，マクロ
経済や雇用・賃金が停滞するという問題が発生することに求め，それは資本制
的生産関係の矛盾の表れであるとされる。この見解は正しいであろう。熊倉正
修氏が指摘するように，最近の，人々が日々消費する食料品などの物価上昇率
は発表される統計数字よりもかなり高い状況では，そして医療・福祉などのエッ
センシャル・ワーカーの賃上げがまさに重要となっている状況では，異次元
金融緩和でインフレを促進するのではなく，医療・福祉分野での賃上げが必要
である。リフレ派は需要不足が経済を停滞させるとするが，しかし需要不足の
根本原因である投資の停滞や貧困・低賃金についてはあまり言及しない。ここ
にリフレ派の最大の問題点があると考える。大量の貨幣が供給されたにもかか
わらず，黒田日銀総裁の時インフレ目標が達成できなかったのは，投資も増え
ず，消費も増えなかったので貨幣が使われなかったためである。賃金や年金が
増えないため，人々は生活防衛のために消費をせずに貯蓄をしたのである。

　リフレ派のもう一つ重要な問題点は，資本主義的利潤追求による大量生産・
大量消費・大量廃棄の抑制の必要性に関する言及がないことである (注13)。む
しろ目先の景気対策のために，ヘリコプターマネーで大量生産・大量消費・大
量廃棄を助長する見解のように思える。これはMMT理論についても言えるこ
とだが，ヘリコプターマネーで需要を拡大しても，その結果，生産の無政府的
拡大→より多くのヘリコプターマネー→より一層の生産の無政府的拡大……と
なるのは必至である。資本制的生産様式を変えない限り，いくら大量の貨幣を
発行しても目先の一時的な効果しか得られず，最終的には環境破壊や資源枯渇
の危機をもたらすだけである。

　筆者は異次元金融緩和政策を「薬物依存経済」あるいは「薬物中毒経済」と
規定したい（これはリフレ派だけでなく，現代資本主義経済システムそのものに

ついても言えることでもある）。かりにインフレターゲットでデフレを克服して
も，過剰資本を温存することになって再度過剰生産による不況や恐慌を引き起
こし，またインフレターゲットをという繰り返しとなるのは必然である。異次
元金融緩和をやめたくてもやめられない（やめると不況・恐慌という禁断症状が
生じる），非常に歪んだ経済政策であり，その副作用はマネー資本主義とバブ
ル，インフレ，円安と貧富の格差拡大，環境破壊などである。

㈣　ケインズ左派 (リベラル派)

　この派は，新自由主義やアベノミクス批判，経済のグローバル化を批判する
とともに，積極財政で福祉や公共事業を発展させるなどして需要を拡大させる
見解である。この学派は，最近の経済停滞は単なる循環的危機でなく，アメリ
カ型「証券化」資本主義の破綻，アメリカ主導の金融グローバル化の破綻，規
制緩和，自由放任，生活自己責任原則主義の破綻であることを指摘し，さらに
アベノミクス（異次元金融緩和）を批判する (注14)。そして論者によって差はあ
るが，目指すべきは新自由主義をやめ，内需拡大，多様な産業（農業を含め）
が存在しうるようにすること，社会保障，医療，福祉，教育，社会的共通資
本，共同体育成などを主張する。そして例えば菊地英博氏は国を誤る５つの破
壊として，①税法の破壊（法人税減税など），②労働法破壊（派遣法，残業代ゼ
ロ法案，金銭解雇自由法案），③医療破壊，④国家権力の破壊（「戦略特区」），⑤
農業破壊などを指摘し，消費税反対，農業破壊反対・食料安保の重要性などを
主張している (注15)。このケインズ左派の主張には大いに賛成できるところで
ある。
　しかし問題点もある。この派の中には積極財政による需要拡大（公共事業や
福祉など）を主張し，その方法としてヘリコプターマネーやMMT理論を主張
する論者もいる。この点は筆者にはリフレ派と共通する考え方であるように思
える。それについて考えよう。問題点として，次のようなことが指摘できる。
(a)　供給過剰のもとでは国債を大量に発行してもインフレにならないとしてい
　　るが，エネルギー危機や食料危機，円安などの諸要因を軽視しているのでは
　　ないかということである。それは今日の食料品価格の高いインフレの状況を

第1章　現代日本資本主義と諸学説の検討

見ればわかることである（注16）。そしてこれはリフレ派にも言えることであるが，大量に発行された貨幣によってバブルが発生する可能性もあるのではないだろうか。より重要なことは，環境や資源・エネルギー危機の深刻化の中で，資本主義的生産のあり方（大量生産・大量消費・大量廃棄）についてあまり言及していないことである。資本主義的生産は利潤追求のため大量生産・大量消費・大量廃棄を必然とする。それを放置したまま財政出動による需要拡大を行うと，ますます大量生産を助長することにならないか。この派（ヘリコプターマネー論者など）の問題点は，一方で過度に需要拡大を重視し，他方で資本主義的生産のあり方を軽視していることである。

(b)　MMT理論の問題である。MMT理論では貨幣は「信用貨幣」とする。主流派経済学（マルクス経済学も含む）では貨幣は「商品貨幣」であるとされるが，それでは金──ドル交換停止について説明できないとする。MMTは「国定貨幣」であるから，自国通貨建てであればいくらでも発行でき，政府は債務不履行を起こすことはないとし，「財政ファイナンス」は正しいとされる（注17）。しかし筆者の考えでは貨幣の本質は一般的等価形態であり，それ自身が価値を持つものでなければならない。金──ドル交換停止後もドルが通用するのは，国家に対する信用が存在するからである（注18）。もし何らかの理由で国家に対する信用が無くなれば，ドルが減価するのは明らかである。それはこれまでの貨幣の歴史を見ればわかることである。貨幣の歴史は価値減価の歴史であるからである。明石順平氏は，MMT理論は「通貨は価値が姿を変えたもの」であるという考えが欠如していること，MMT理論ではインフレは起こらないとするが，現にインフレが発生していると批判している（注19）。小野善康氏も「成熟社会」は慢性的需要不足であり，いくら貨幣を発行しても需要は増えないとしてMMT理論を批判している（注20）。

　筆者のMMT理論に関する疑問は，国債をいくらでも発行できるのなら，全ての問題が解決する現代の錬金術，「打ち出の小槌」となり，社会の矛盾を覆い隠すものとなるにちがいないということである。今日の不況は，資本家が投資を抑制していること，および労働者に必要生活費に見合う賃金を支払わないことが根源である。それを国債で賄うのは，資本家の責任を免除することであろう（注21）（注22）。さらに国債発行で懸念さるのは歯止めが効か

15

なくなるということであり，それが戦争経済につながる恐れがあることである。国債発行には慎重でなければならない。

(c) 日本は資産があるから，財政危機にはならないという説について。森永卓郎氏は日本の財政は世界一健全とされる。もし財政が悪化した時には米国債，道路や不動産を売ればよいとする (注23)。それに対し明石氏は，日本の資産はほとんど売れないもの（米国債など），また民間の資産も含まれていることなどを指摘している (注24)。日本の対米従属の状況では，米国債は売却困難であろう。かつて橋本内閣の時にあったことである。道路や不動産を売ればよいとのことであるが，それらを売り飛ばすと，国鉄・郵政民営化にみられるように，一層の有料化と地方の切り捨てに進むことは明白である。

(五) マルクス経済学派

　この派は現代資本主義の危機の原因を労働者の貧困（低賃金と低福祉）による需要不足＝資本主義の基本矛盾である生産と消費の矛盾と，資本制的利潤追求による生産の無政府制に求める。例えば相沢光悦氏は，平成大不況は「恐慌がデフレという形で現れたもので，それが10年以上続いたのは，政府の膨大な財政出動と日銀の低金利政策により，諸矛盾が先送りされたものとされる。この大不況を克服するためには，賃上げ，福祉の充実による内需拡大，地方分権などが必要と主張されている (注25)。また本田浩邦氏は，長期停滞の原因を生産力の飽和状態（過剰生産）と設備の稼働率の低下，企業の設備投資や賃金の抑制，雇用創出力の低下などに求めている (注26)。松原隆一郎氏は，長期不況の原因を消費不足に求めているが，人々が消費を減らし，貯蓄を増やすのは将来への不安のためであるとし，インフレ目標論の誤りは，貨幣を供給しても，人々はそれを使わず退蔵していることであると，リフレ派を批判している (注27)。さらに小西一雄氏は，資本主義の利潤追求の行き詰まり（利潤率低下）を指摘する。実体経済の行き詰まり→固定資本投資と雇用が増えない→過剰資本が投機に（資本主義の行き詰まりとしての金融化）になることを指摘。その上で，インフレ政策の効果は一時的で，結局は物価上昇と経済の停滞を招くとリフレ派・ＭＭＴ派を批判している (注28)。

第1章　現代日本資本主義と諸学説の検討

　これらの見解が優れている点は，現代資本主義の長期停滞の原因を他学派とは異なり，単なる需要不足という現象的把握ではなく，①資本主義の基本矛盾といわれる生産と消費の矛盾から説明していることである。諸資本は利潤追求のため，激しい競争を迫られ，好況期には生産を著しく拡大させる（「生産の無政府性」）。しかし労働者の賃金を抑制するため需要不足になる。その結果過剰生産が顕在化する。かつては恐慌によって過剰資本が廃棄されていたが，現代では政府の金融・財政政策によって過剰資本が廃棄されにくくなっている。その過剰資本が投機に使われ，金融資本化（マネー資本主義化）と実体経済の長期停滞になることを解明していることである。さらにこのことと関連して，利潤率の傾向的低下の法則から，現在の長期停滞を解明する見解もある（注29）。②現代の長期的停滞の原因を雇用不足や低賃金，貧困と低福祉に求めていることである。これは新自由主義やリフレ派などにはみられないことである。この点は，筆者の考える労働力価値論との関係で，重要な指摘である。

　しかしマルクス経済学派の問題点もある。長期停滞の一つの重要な原因とされる貧困問題が十分解明されていないということである。現代の貧困の特徴は何か，なぜ貧困が拡大再生産されるのか，なぜ出生率の低下と少子高齢化がおこるのか，なぜ家族の弱体化や共稼ぎ（ワークシェアリング）が増えるのか，なぜ社会保障が必要となるのか，これらの諸現象はいつの時代から始まったのか，その結果，なぜAI化やBI化が進むのか，といったことの理論的分析が不十分だということである。つまり労働力価値論の理論的研究が不十分だということである。

　なおマルクス経済学者の中にも健全財政主義を主張する人たちと，国債発行によって財政を拡大し，それを社会保障に使うことを主張する人たちに分かれている。前者が多数派だが，後者は本田浩邦氏や山家悠紀夫氏などである（注30）。後者の場合，今後高齢者が貯蓄を取り崩すようになると，国債を国内で消費できなくなるという批判にどう答えるか，あるいはインフレをどう考えるかという問題がある。

×　　　　×

　以上に述べたように，新自由主義派を除いたいずれの学派も，日本の「失われた30年」の原因を過剰生産＝過少需要に求めている。相違点は，資本主義の

17

枠内でそれを解決するか，それともそれは不可能として，新しい社会を目指すかである。定常学派はフロンティアの消滅で資本主義は限界を迎えたとするが，それに代わる社会については不明確である。また福祉社会を目指す考え方もあるが，生産力の発展なくしてそれが可能かという疑問がある。リフレ派はこの矛盾を貨幣の大量発行で解決しようとしたが，貨幣は市中に流通せず，株や不動産バブルと格差拡大，円安とインフレをもたらした。ケインズ左派は需要不足に対し，社会保障・福祉，農業等を発展させるという進歩的側面があるが，他方では国債発行（MMTやヘリコプターマネー）で需要を拡大すれば，インフレやバブル発生の問題があり，また大量生産・大量消費・大量廃棄を助長し，環境危機を激化させる可能性もある。

　日本の「失われた30年」の基本的原因は，資本主義的な大量生産・大量消費による過剰生産＝需要不足であり，その根源に低賃金，貧困，低福祉という問題がある。筆者の考えでは，必要生活費と賃金の乖離の拡大の結果，「古典的貧困」と「新しい貧困」が相互に規定しあって貧困を拡大再生産していること，そのため出生率の低下や家族の弱体化，労働力の不足などにより，一方では社会保障・福祉の必要性が高まっていること，他方では労働力不足のためもあってAI化が進み，新しい社会の技術的基礎が形成されつつあること，などが指摘できる。本書の基本的課題はこの問題を解明することである。詳しくは後述する。

　今私たちにとって重要なことは，利潤追求のための資本主義的大量生産・大量消費・大量廃棄を抑制することである。そのためには社会保障・福祉の発展が必要である。社会保障の発展で，一方では人々の生活を安定させて貧困をなくすること（ベーシック・ニーズの充足），他方で無駄な浪費を抑制し，必要生活費の伸びを抑制することである。現代の必要生活費の中には不必要な商品の消費の社会的強制（その一部にはムダの強制があり，大量廃棄につながっている）が含まれているが，それを削減し，その代わりに社会保障や福祉，教育，公共交通などの社会的共通資本（公共財）を発展させて生産力の浪費を抑制することである。

第 1 章　現代日本資本主義と諸学説の検討

【補論】　斎藤幸平氏の見解について

　斎藤幸平氏の「人新世の『資本論』」（集英社新書，2020年）および「ゼロからの資本論」（NHK出版新書，2023年）から，氏の見解における長所および問題点について簡単に要約する（ページの記入は略）。

(1)　長所

　(a)　単なる目先の景気対策ではなく，社会主義の主張。

　(b)　地域，共同組合，農業，福祉などの重要性を指摘。参加型民主主義，生産手段のコモン的所有（共同所有）の主張。コモンは水力や電力，住居，医療，教育といったものを公共財として，自分たちで民主的に管理することを目指すとする。

　(c)　マルクスの物質代謝論。社会の存続には労働が基本的役割を果たす（消費ではなく）と労働の重要性を強調。使用価値経済への転換を主張。資本主義は使用価値をないがしろにし，価値を重視すると批判。大量生産・大量消費からの脱却。エッセンシャル・ワーカー重視など。

　(d)　リフレ派・MMT理論批判。資本主義を延命させるだけであり，階級闘争の視点が無いと批判。

　(e)　福祉国家の限界を指摘していること。南側の人達の収奪，自然環境の収奪，ジェンダー不平等の再生産などの理由を挙げている（ただし，筆者にはジェンダー不平等についてはかなり改善されているように思える）。

(2)　問題点

　(a)　生産力悪説。資本主義的生産力の発展（大量生産・大量消費）と社会主義的生産力の発展（労働時間短縮と労働の軽減）の区別が必要である。

　(b)　唯物論否定＝進歩史観あるいは生産力至上主義として。そのため資本主義社会から社会主義社会への発展の必然性が証明されなくなっている。またロシアのミールを高く評価しているが，ルソーの「自然に帰れ」という言葉を思い出すのは筆者だけだろうか？

注１）野口悠紀夫「日本経済再生の戦略」（中公新書，1999年。Pp.63 ～ 66，99 ～ 101，151 ～ 153，165 ～ 168），同「日本経済入門」（講談社現代新書，2017年。pp.40 ～ 41，45 ～ 50，54 ～ 55，214 ～ 224），同「世界経済入門」（講談社現代新書，2018年。pp.33 ～ 39，59 ～ 60，80 ～ 81，93 ～ 94），同「日銀の責任。低金利日本からの脱却」（ＰＨＰ新書，2023年。pp.30 ～ 32，88 ～ 91，121 ～ 126）。また吉川洋氏は，経済成長にとって重要なのは人口ではなく，イノベーションであるとし，イノベーションによる経済成長を主張，そして財政赤字の原因を社会保障費の増加に求め，その削減を主張している（吉川「人口と日本経済」。中公新書，2016年。pp.71 ～ 76）。

注２）新自由主義者の社会保障削減論は大変厳しい。山田謙二氏は，団塊の世代が貯蓄を取り崩し，国債を購入できなくなって，国債発行が不可能となるので，増税と社会保障削減を主張。そして雇用の流動化，終身雇用制と年功制の見直し，正規社員の解雇と処遇引き下げを提案している（「社会保障クライシス」。東洋経済新報社，2017年。pp.148 ～ 149，182 ～ 183）。さらに加藤久和氏は，高齢者の福祉や年金の削減，社会保障は経済成長を遅らせるとして，その市場化を主張。そして基礎年金のベーシックインカム化，その財源を消費税とし，消費税の引き上げ，年金の２階部分の民営化，医療では混合診療化と自己負担引き上げ，積極的労働市場政策などを提起している（「世代間格差。人口減社会を問い直す」。ちくま新書，2011年。pp.200 ～ 206，229 ～ 248）。

注３）柴山佳太「静かなる大恐慌」（集英社新書，2017年。pp.18 ～ 20，195 ～ 202）。

注４）大瀧雅之「平成不況の本質」（岩波新書，2011年。pp.64 ～ 65，70 ～ 72）。

注５）服部茂幸氏は，新自由主義が金融危機をもたらしたと批判（「新自由主義の帰結」（岩波新書，2013年。pp.62 ～ 72）。菊地英博氏は，新自由主義の結果，バブルの発生，貧富の拡大，実質賃金の低下と中間層の没落，世界経済の成長率低下がもたらされたと批判（「新自由主義の自滅。日本・アメリカ・韓国」（文春新書，2015年。p.79）。さらに芝田徳太郎氏もサブプライム危機は単なる循環的危機でなく，アメリカ型「証券化」資本主義の危機であると批判している（「資本主義の暴走をいかに抑えるか」。ちくま新書，2009年。pp.223 ～ 226）。

注６）水野和夫氏は，①利子率低下は資本主義の死の兆候で，投資機会が無くなること，1970年代前半の石油危機以降，資本主義の終わりの始まりとなり，途上国への投資も先進国の利潤率低下になったこと，②経済成長を求めるのは誤りであり，社会主義も経済成長を前提としているとして否定される（「資本主義の終焉と歴史の危機」。集英社新書，2014年。pp.13 ～ 17）。そして現代のデフレは資源価格高騰による構造的なものであり，金融政策は有効でないとリフレ派を批判している。さらに企業の海外展開，賃金低下，新興国からの安い商品の輸入，人口減少などもデフレ要因としている（水野和夫・菅野稔人「超マクロ展望。世界経済の真実」（集英社新書，2010年。pp.198 ～ 199）。

注７）広井良典「ポスト資本主義。科学・人間・社会の未来」（岩波新書，2015年）の要点は，①1970年代「成長の限界」論が登場（1971年，ローマクラブ「成長の限界」）。21世紀に「グローバル定常化社会へ」。少子高齢化や過剰生産（中国などの成長で）。②生産性概念の再考。労働生産性から環境効率性ないし資源生産性重視（マルクスの労働価値説から「自然価値説」へ）。③緑の福祉国家または持続可能な福祉社会＝「定常型社

会」。福祉，環境，文化，まちづくり，農業やコミュニティ経済重視など（pp.59 〜 63，167 〜 170，190 〜 194）。広井「定常型社会。新しい豊かさの構想」（岩波新書，2001年）では，定常型社会（ゼロ成長）の特徴として，①社会保障を通じたセーフティネットが重要となる，②分権型社会，③新しいコミュニティと個人・公共」（自発的コミュニティ作り，地域のネットワーク，NPOなど）の重要性を指摘。（pp.168 〜 170）。

注8）北欧諸国が生産力の発展を重視していることは多くの研究者が指摘している。例えば中曽宏監修，山岡浩己・加藤出・長岡智「デジタル化する世界と金融」（金融財政事情研究会，2020年）では，スウェーデンは国家戦略としてIT産業を育成し，高い競争力を維持していること，フィンランドでもスタートアップ企業が多数生まれていることなどを指摘している（pp.67 〜 70，209 〜 211）。他に高岡望「日本はスウェーデンになるべきか」）PHP新書，2011年）でも同様な指摘がある（pp.196 〜 198）。この点と関連して，斎藤幸平氏は広井氏の見解を，資本主義的市場経済を維持したまま，資本の成長を停めることができるかと批判している（「人新世の『資本論』。pp.127 〜 129）。

注9）その他，「定常社会論」には次のような文献がある。
①アンドリュー・J・サター（「経済成長神話の終わり」。講談社現代新書。2012年）は，GDP主義批判，「減成長」を主張。社会事業，共同組合，市民事業などを中心とした経済，生産性重視から使用価値重視，中央集権的ネットワークでなく，分権化されたシステム，排除から共有（シェアリング）などを主張（pp.198 〜 205，214 〜 216）。
②平川克美「路地裏の資本主義」（角川SSC新書，2014年）は，貨幣万能という信仰→暴走（金融資本主義）と，大量生産・大量消費・大量廃棄→環境破壊。そこから定常型社会の主張（pp.38 〜 39，45 〜 48）
③小野善康「成熟社会の経済学」（岩波新書，2012年）は，日本が1980年代後半から成熟社会（長期不況）になり，そこは慢性的需要不足であるとする。いくら貨幣を発行しても需要は増えない（pp. 2 〜 9）。同「資本主義の方程式」（中公新書，2022年）は，MMT理論を批判。1990年代初頭以降，一人当たり家計純資産は大幅に増えたが，一人当たり消費は伸びていないとする（pp.93 〜 94）。ただ小野氏は他方で成長無用論を否定し，生産力の発展は環境，観光，医療，介護，保育，教育などに使うべきとされる。

注10）ケインズ右派と左派は共通するところがあり，厳密な区別は困難だが，一応便宜的に区別しておく。ケインズ左派はアベノミクスや新自由主義，グローバル化に厳しく反対するが，それがリフレ派との大きな相違点である。両者の共通点は，国債発行をテコとした財政出動によって需要拡大を主張することである。

注11）高橋洋一「この金融政策が日本経済を救う」（光文社新書，2008年）は，日銀は通貨発行益を得るので，経営危機の心配はないこと，ハイパーインフレの心配もないとする（pp.111 〜 113）。岩田久雄「なぜデフレを放置してはいけないのか」（ＰHP新書，2019年）は，不換銀行券のもとでは，日銀はいくらでも日銀券を発行できるので，支払い不能になることはないとする（pp.179 〜 180，188 〜 189）。さらに同「世界同時不況」（ちくま新書，2009年）で，日本の「失われた10年」の原因を，日銀の少なすぎる金融緩和と早すぎたその解除に求める（pp.162 〜 165）。さらに永濱利廣「日本病。なぜ給料と物価は安いままなのか」（祥伝社新書，2022年）は，バブル崩壊後の30年間，日本は低所

得，低物価，低金利，低成長の「4低」の時代となり，賃金は韓国より低くなった。その原因はデフレであるとする（pp.20 ～ 25）。逆ではないか？

注12）以上のリフレ派批判は，次の文献を要約したものである。

①金子貞吉「日本銀行と国債Ⅰ」（『経済』No.341，2024年2月。p.91），同Ⅱ（『経済』No.342，2024年3月。pp.137 ～ 145）。

②佐藤拓也「"生産性の低迷"とは何を意味するのか。日本資本主義の長期低迷」（『経済』No.288，2019年9月。pp.117 ～ 119）。

③熊倉正修「日本のマクロ経済政策」（岩波新書，2019年）。氏はCPI（消費者物価指数）の問題点として，物価上昇率が低めに出る集計方法をとっていることを指摘され，医療や福祉分野の賃上げを主張している（pp.100 ～ 104）。

④廉了「銀行激変を読みとく」（日経文庫，2016年）は，マイナス金利の負のインパクトとして，銀行の収益悪化を指摘。その主因は，日銀当座預金の巨大化とイールドカーブのフラット化である。日銀当座預金へのマイナス金利適用による収益減少と利鞘の縮小，国債の格下げによる金融機関の自己資本毀損などを指摘（pp.30 ～ 31，110 ～ 111）。河村小百合「日本銀行我が国に迫る危機」（講談社現代新書。2023年）も同様な指摘。そして日銀に迫る債務危機で国債買入は続行不可能になる危険があることを指摘している（p.57，pp.90 ～ 95）。現実には，河村氏の指摘するようになりつつある。日銀の国債保有残高は2024年3月末で589兆円（国債発行残高の約53%）に達し，金利上昇でその評価損が9兆4,337億円と過去最大となった。

⑤小野善康「成熟社会の経済学」，pp.84 ～ 86。

⑥服部茂幸「アベノミクスの終焉」（岩波新書，2014年）は，アベノミクスの結果，利益を得たのは大企業だけであり，賃金は増えず，トリクルダウンは発生しなかったこと，輸出数量もあまり増えなかったことを指摘（pp.16 ～ 19，pp.161 ～ 164）。

⑦金子勝「平成経済，不況の本質」（岩波新書，2019年）は，中央銀行が債務超過に陥る可能性，日銀の金利政策はゼロ金利で機能を失うこと，民間貯蓄の停滞，貿易赤字，所得収支の黒字が縮小すると，いずれ国内で財政ファイナンスができなくなる可能性を指摘（p.158）。

⑧浜矩子「国民なき経済成長。脱アベノミクスのすすめ」（角川新書，2015年）は，異次元金融緩和の限界として，増えたのは経常赤字，貿易赤字とゼロ金利で資本流出（資本収支赤字）などを指摘。異次元緩和をやめるべきと主張。しかしやめられない。やめると国債利回りは急騰し，財政の利払いが一気に上昇する。日本経済は公共事業，株価上昇による「底上げ」，見せかけの景気に過ぎないとする（pp.68 ～ 69，93 ～ 100）。

⑨山田順「円安亡国」（文春新書，2015年）は，日銀の貨幣供給量増加で，国債金利が低下，為替レートは金利差で動くので，日本の金利が低いと円安になる。円安のもう一つの理由は，製造業の海外進出による国内産業の空洞化と国力の低下（ドルで見た日本のGDPは減少の一途）であるとする（pp.38 ～ 41，82 ～ 85，p.124）。

⑩松本朗氏は，為替相場下落が輸出拡大につながらなかった理由として，産業の空洞化と金融化をあげ，日銀の異次元金融緩和が企業の実物経済を軽視する金融投資と内部留保の確保へと動かしたと批判される。そして輸入価格の上昇で，家計から輸出企業へ所得が移転された（所得の再分配）と指摘している（松本「50年ぶりの円安とその要因を考える」。『経済』No.343，2024年4月。pp.131 ～ 132，p.134）。

第 1 章　現代日本資本主義と諸学説の検討

⑪岩本沙弓「バブルの死角。日本人が損するカラクリ」（集英社新書，2013年）。日本を襲うスクリューフレーション。非正規の増加により，貧困化とインフレが同時に起きる。アベノミクスの金融緩和で，円安になり，輸入品が高騰すると警告している（pp.227 ～ 230）。今まさにそうなりつつある。最近の経済動向をみると，①2024年 4 月29日の外為市場で，一時 1 ドル＝160円台をつけ，1990年 4 月以来34年ぶりの円安水準となった。②円安などの影響で，全国消費者物価指数の2023年度平均は前年度比3.1%上昇し，1982年以来41年ぶりの上昇となった。しかし，熊倉氏が指摘されているように，消費者物価指数は物価上昇率が低く出る集計方式をとっているので，実際はもっと高いと思われる。③その結果，2023年度の実質賃金額は2.2%減で，２年連続マイナスとなり，消費増税時の2014年度以来の落ち込みとなった。物価上昇率が低く出ていることを考えると，実際の実質賃金の下落幅はもっと大きいだろう。④円安による輸出増などで上場企業の2024年 3 月期決算の純利益合計は前期比15.0%増の47.9兆円となり，３年連続最高益を記録した。貧困化とインフレ，株高（前述），企業の最高益という現象が同時に起こっているのである。

⑫明石順平「アベノミクスによろしく」（インターナショナル新書，2017年。pp.100 ～ 111）。

⑬新自由主義者の批判としては，松田千恵子「国債非常事態宣言」（朝日新書，2011年）。金利が上がると国債費が急増し，財政破綻の危機に。増税，社会保障の削減と民営化を主張（pp.48 ～ 50，69 ～ 71）。

注13）神野直彦氏は，ケインズ主義的福祉国家は大量生産・大量消費によって飢餓的貧困から人間を解放したが，その問題点として①労働者の機械への従属と部分労働化，熟練の分解が進み，労働の意義が喪失したこと，②多品種少量生産が不可能になったこと，③労働意欲の低下で生産性が低下したこと，④労働の単純化で非正規労働者が増えたこと，⑤大量生産と大量消費で環境破壊が発生したことなどを指摘している（「人間回復の経済学」。岩波新書，2002年。pp.72 ～ 84）。この神野氏の指摘（特に⑤）は，程度の差はあれ，ケインズ右派だけでなく左派にも妥当するであろう。ただしケインズ的福祉国家が飢餓的貧困から人間を解放したということについては疑問である。発展途上国の飢餓的貧困はケインズ的福祉国家による搾取と収奪の結果ではないだろうか。

注14）中野剛志・柴山佳太「グローバリズム。その先の悲劇に備えよ」（集英社新書，2017年）。新自由主義によるグローバリズムが「怒りの政治」をもたらすことを指摘。イギリスのEU離脱，アメリカのトランプ大統領，フランスの国民戦線などポピュリズムの台頭，その背景は資本主義の矛盾の激化（経済の長期停滞とグローバル化の終焉）である（pp. 3 ～ 5，16 ～ 22）。

注15）菊地英博，前掲書。pp.150 ～ 162。

注16）加谷珪一氏は，現代のインフレの原因を，①原油や食料品などの一次産品の値上がり（その背景に中国などの需要拡大がある），②米中対立やウクライナ侵攻などの地政学的要因，③量的緩和によるマネーの大量供給と円安を挙げている。そしてスタグフレーションのもとでは景気対策実施が難しくなり，インフレが長引く可能性があると指摘されている（「スタグフレーション。生活を直撃する経済危機」。祥伝社新書，2022年。pp.34 ～ 35，134 ～ 145）。

注17）島倉原「現代貨幣理論，MMTとは何か」（角川新書，2019年。pp.43 〜 52，57 〜 59，96 〜 98）。

注18）大澤真幸氏は，MMT理論が成立するのは，資本主義が順調であるときだけだとする（「新世代のコミュニズム」。NHK出版新書，2021年。p.126）。

注19）明石順平「ツウカとゼイキン」（インターナショナル新書，2020年。pp.260 〜 267）。

注20）小野善康「成熟社会の経済学」，pp.110 〜 114。

注21）鳥畑与一「『現代貨幣理論（MMT）』は積極的財政の根拠足りうるか」（『経済』No.301，2020年10月）。富裕層・大企業への課税を否定し，逆に貧困層を生み出してきた経済構造の改革から目を背けることとなり，そして果てしない量的拡大と財政赤字を招くと批判している（p.133）。

注22）松尾匡氏は社会主義を主張されているが，その理論構造はリフレ派やMMT理論に近似している側面もある。その主張からすれば，筆者にはケインズ左派的考えに近いように見える。松尾「この経済政策が民主主義を救う」（大月書店，2016年。pp.102 〜 108，111 〜 112）。

注23）森永卓郎「増税地獄」（角川新書，2023年。pp.116 〜 117）。

注24）明石順平「楽観論を斬る」（インターナショナル新書，pp.200 〜 212）。

注25）相沢光悦「恐慌論入門」（日本放送協会，2009年。p.172）。

注26）本田浩邦「長期停滞の資本主義」（大月書店，2019年。pp.16 〜 17）。

注27）松原隆一郎「長期不況論」（NHKブックス，2003年。p.115）。

注28）小西一雄「資本主義の成熟と終焉」（桜井書店，2020年。p.169，pp.201 〜 203）。

注29）利潤率低下→利潤量増大の追求のため競争激化→生産力と消費力の衝突→需要不足によるデフレ→投資の停滞と内部留保の拡大→マネー資本主義という説（森本壮亮「利潤率の傾向的低下法則─長期停滞の原因を解明する」（基礎経済科学研究所編『時代はさらに資本論』所収。昭和堂，2021年。pp.254 〜 258）。

注30）本田，前掲書。p.131。山家悠紀夫「日本経済30年史。バブルからアベノミクスまで」（岩波新書，2019年。pp.291 〜 295）。

第**2**章 労働力価値論の検討

㈠　労働力価値論を研究する現代的意義

　労働力価値論を研究する現代的な意義は，出生率低下と搾取基盤の崩壊で，①過剰生産＝需要不足による資本主義が危機的状況（経済恐慌と不況の慢性化＝「失われた30年」）になっていること，②AI化によって，一方で大量失業と格差拡大（一部の極めて高い賃金のIT技術者と多数の低賃金単純労働者）の懸念，他方で③新しい社会発展の技術的基礎の形成と，社会保障の必然性（「労働に応じてでなく，必要に応じて」）とベーシックインカムが議論される背景を明らかにすることなどであり，今日の重大な諸問題の根底に労働力価値の問題があることである。高橋信彰氏が述べておられるように（前述），日本経済の危機の本質は，価値増殖（剰余価値搾取）と賃金による労働力の再生産が両立できなくったということである。

　この章で取り上げる論点は，①労働力価値概念の検討，②家事・育児労働に賃金を支払うべきか否かという問題，③ジョブ型雇用と家事労働，④エッセンシャル・ワーカーの低賃金問題，⑤労働力価値の長期的・短期的変動，⑥史的唯物論と労働力価値論との関係を考察することなどである。

㈡　労働力価値概念とその拡大

　⑴　労働力価値とは，労働者とその家族の必要生活手段の価値であり，その水準は社会の生産力水準や文化水準，熟練形成費（学歴を含む）などによって決まる。労働力の再生産費であるから，妻子の生活費はすべて（教育費も含め）資本家負担でなければならない。私的形態（直接賃金）であれ，社会的形態（社会保障などの間接賃金）であれ，すべて資本家負担であるべきである（注1）。

産業資本主義段階には労働力価値と必要生活費は一致するものとして考察される。諸商品の価値と価格は今日に比べると比較的一致していたと考えられるからである。ただし不熟練労働者の場合には両者は一致しない。そのため彼らは多就業をせざるをえなかった。しかし現代のような独占資本主義段階（または国家独占資本主義段階）では，労働力価値は低下するが，必要生活費は賃金以上に上昇する。その理由は，労働者が消費する商品量が増加すること（大量生産・大量消費で），独占価格によって諸商品の価値以上に価格が吊り上げられるからである（注2）。その結果，必要生活費以下の賃金しか支払われない労働者が増加し，そのため多就業，出生率低下，家族規模の縮小などが進み，社会保障への依存を強めるのである（注3）。

　(2)　労働力価値概念の拡大について。働けなくなった高齢者，重度の障がいがある人，長期にわたる疾病で働けなくなった人たち（かつては廃疾者と言われた）の生活費は労働力価値に含まれるか否かという問題である。一番典型的なのは重度の障がいがあり，働けない人の場合である。彼らの生活費は誰が負担するかという問題である。彼らの生活費は社会的共同ファンドとして剰余価値から支払われるとの見解もあるが（注4），しかし資本家が負担する部分（企業負担分）は現代では社会保険料負担として生産物の価格に転嫁され，それを労働者が購入するのであるから，剰余価値でなく，労働力価値から支払われているのは明白である（ただし生活保護費など税金でまかなわれる分野は一部資本家負担があるだろう）。筆者の考えでは，労働力価値とは労働力の再生産費であるから，これらの人々の生活費は含まれない。彼らの生活費は労働者が多就業で得た収入を租税として支払うことになる。

　小川喜一氏によると，19世紀末葉においては，65歳以上のすべての男女の5分の2が，あるいは70歳以上に達したものの3分の1が，否応なしに非救恤貧民の境遇に追いやられねばならなかった。非救恤貧民に追いやられなかった高齢者は家族による私的扶養（多就業による）か，あるいは熟練労働者は共済組合を形成して生活を維持しようとしたと思われるが，共済組合は19世紀末には財政的に破綻した（注5）。その結果，イギリスで1908年無拠出制老齢年金制度が実現した。ドイツでも1883年廃疾保険法，84年，工場災害保険法，89年の養

老廃疾保険法が成立した。これはビスマルク政権の「アメとムチ」政策の結果である（労働運動や社会主義運動の高まりに対し，一方で社会主義者鎮圧法，他方で社会保険法成立による妥協）。したがって19世紀には，働けなくなった高齢者らの生活費は労働力価値として支払われなかったのは明白である。独占段階になると，社会保障が発展し始めること，企業はその費用を製品価格に転嫁することによって，彼らの生活費は労働力価値を形成するようになるのである（労働力価値概念の拡大）（図1）。

図1　労働価値概念の拡大

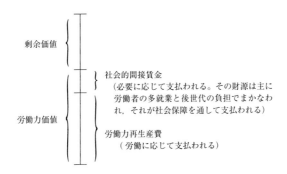

今日では，労働力価値は労働力再生産費と再生産外支出から構成され，前者は「労働に応じて」支払われるのであるから，働く能力のない高齢者や重度の障害がある人などには支払われない。それに対し後者は「必要に応じて」支払われるのであるか彼らにも支払われる。したがって筆者の考えでは，彼らの生活費を賄うためには労働者の多就業によるか，後世代への負担転嫁（年金の賦課方式などの例）が必要になる。それらが租税や社会保障給付を通して高齢者らに支払われるのである。もし彼らの生活費が働く人々の労働力価値から支払われるならば，権利性は著しく高まるであろう。なぜなら資本主義の法則＝原理を前提としても，高齢者などに支払われる部分は，本来労働者が受け取るべきもの（労働者が多就業で得たもの）だからである。そしてこの「労働に応じて」でなく「必要に応じて」という考え方が失業問題など様々な分野に拡大適用されることによって，多くの分野で社会保障の必然性が高まるのである(注6)。

㈢　家事労働に賃金を支払うべきか否か

　この問題に関しては議論が分かれている。支払うべきという見解は，家事労働の使用価値が非常に大きいことを挙げている（注7）。これに反対する見解は，家事労働を有償化すると，それが女性に押しつけられるというフェミニストの反対である。もう一つの理由は，家事・育児労働が市場労働でないことである。筆者は，本来家事労働は有償であるべきだが，資本主義のもとで無償化されていたこと，しかし最近有償化の動きがみられると考えている。それについて述べよう。

　家事労働が無償化され，女性の経済的地位が大きく低下したのは，16世紀以降である。B・ドゥーデンによると，16世紀頃までは女性の社会経済的地位は高かったが，16世紀から18世紀にかけて，イギリスやフランスで女性の地位が大きく低下した。その理由は，C・V・ヴェールホーフによると，女性を自然と同じようにタダ（無償）で利用できるという資本の本源的蓄積の結果である。資本の本源的蓄積のために利用されたのは，自然だけでなく女性も同様である。本源的蓄積によって女性の家事労働を無償化することで，男性の賃金を引き下げることができるし，男性の賃金が下がると，家計補助的な女性の賃金も低下する（注8）。デボラ・キャメロンも産業革命後，家事労働は生産的労働でなく，再生産的な活動に変わったとし，多くの有給労働がきちんと機能しているのは，フルタイム労働者が無償のケアワークをだれかに任せられることが前提であるとする。そして女性は主な仕事が家庭内にあると考えられていたため，安価で便利な「労働予備軍」を形成したとする。その上で，マルクス主義的な分析から，国家は家事労働の賃金を支払うことで女性に補償すべきだという提案が生まれたが，しかしそれでは解決できない問題として，男女の役割分担がそのまま残っていることを指摘している（注9）。

　以上にみたように，資本主義の成立とともに家事労働は無償労働とみなされるようになった。しかし最近それが変わりつつある。その原因の一つは，共稼ぎの増加である。共稼ぎが増加すると，家事労働の一部が外部化される（家事労働が家庭外で購入される＝家事労働の外部化）。そうするとその部分は市場化さ

れて価値を持つようになり，有償化されざるをえない。もう一つの原因は，家事労働の社会化ということである（家事労働の外務化とも共通するが）。家族手当，児童手当，育児・介護休業手当など，さらに駒村氏の指摘するように年金も含めた社会的給付の発展（＝家事労働の社会化）である。それらは家事（育児を含む）労働に対する支払いと考えるべきである。家事労働の外部化と社会化が今後一層進めば，家事労働の有償化が認められるようになるに違いない。

　家事労働が有償化されると，女性にそれが押しつけられるという批判に対しては，両者は別問題となるであろう。女性が家事労働を押しつけられる根本的原因は男女役割分担である。竹信三恵子氏は，女性が働けるための条件として，①家事育児労働を男性もすること，②そのため労働時間を短縮すること，③家事・育児労働の一部を介護・保育サービスが分担することを指摘されている（注10）。牧野百枝氏も，男女の格差をもたらす諸要因のうち基本的原因は家事や育児を女性が負担すべきという社会的規範であるとされている（注11）。したがって家事労働を男性も女性も共にするようにすれば，家事労働を有償化しても問題はないだろう。ヨーロッパ諸国ではそのようになっているのである（注12）。竹信氏が指摘している家事・育児労働の一部を介護・保育サービスが分担ということは重要である。そうした家事労働の外部化・社会化は「家事労働は有償である」という考え方を発展させるうえで大切であるからである。

　フェミニストの反対の理由以外の，もう一つの「家事労働は無償である」という考え方は，それが市場労働でないから価値を持たないという見解である。二宮厚美氏は「エッセンシャル・ワークが価値的にも生産的労働である理由は，社会内の種々の欲望に応じて一定の割合を配分する必要がある社会的総労働の重要な分肢であること，それに対して家事労働はそうでないので価値を持たない」（注13）と述べられている。つまりエッセンシャル・ワークは市場労働だから価値をもち，家事労働はそうでないから価値を持たないということである。しかし家事労働の外部化・社会化が進んでいる現代では，この考え方は正しいだろうか。さらに検討する必要があるだろう。

㈣　ジョブ型雇用と家事労働

　木下武男氏は産業別労働組合の重要性を主張されているが，氏によると，労働組合とは「共通規則」による労働者間の競争の規制をするものである。その根源はギルドの共同体規制（日本はこれが無かったので職業別組合や産業別組合の形成が不利になった）である。この「共通規則」によってジョブが「産業別組合の時代」のユニオン運動の前提となり，また労働社会のすべての処遇を決めていた。これが世界の標準であり，日本はそうならなかった。その時代には，企業横断的交渉によって決まった協約賃金に各企業は従わなければならなった（注14）。

　この木下氏の指摘からわかるように，本来雇用はジョブ型雇用であるべきである。ジョブ型雇用が成立するためには，労働組合が技能養成する能力が必要である。ところが日本では組合が弱体でそうした能力がなく，企業内で技能養成がなされた。そのため企業別労働組合の形成がなされたのである。それに対し，濱口圭一朗氏は，日本的雇用システムは職務（ジョブ）という概念の希薄なことが特徴であるとし，日本的雇用慣行の特徴である生活給制度のメリットとして生活安定，労使関係安定，政府は社会保障を削減できることなどを，デメリットとして労働者が企業に従属，長時間労働などを強いられることなどを指摘している。さらに氏は，日本型雇用慣行の問題点として，①それは就職ではなく就社であること，②仕事と賃金が合わない（同一労働・同一賃金でない），③高齢化で日本型雇用慣行は無理であることを指摘している。その上でこのシステムは現在，非正規労働者の増加などから危機に陥っているとする。ヨーロッパのような同一労働・同一賃金のもとでは，日本のように同じ仕事をしているのに扶養家族がいるかいないかによって賃金に差がつくことは許されない。そこでそれを補うものとして家族手当が必要になる。その結果，ヨーロッパでは手厚い児童手当，住宅手当，教育費公費負担によって同一労働・同一賃金が可能となっているとする。さらにデンマークなど一部の国では職業訓練の再構築と社会保障の発達で積極的労働市場政策（労働の流動化＝フレキシキュリティ）が進められているとされる。このフレキシキュリティもジョブ型雇用を進める

ものであろう（注15）。

　この濱口氏の説は大変興味深い。筆者は家事労働が有償化されるにはジョブ型雇用が必要であり，家事労働が社会保障で補われることが必要であると考えるからである（企業が負担していた家族手当などを社会保障化することによって，その属人的性格を無くす）。ただしきわめて大きな問題点がある。現代日本で行われようとしている新自由主義的なジョブ型雇用＝労働力流動化政策は，解雇をやりやすくするためのものであるということである。社会保障や福祉の発展，公的職業訓練制度およびその訓練期間の所得保障制度を充実させないで労働力を流動化させるのは大変危険である。外国で積極的労働市場政策がとられているからといってそれを日本に無批判的に導入することは誤りである（注16）。これは「女性活躍」についても言えることである。日本の「女性活躍」は一部の総合職女性と，他方で多数の女性非正規労働者に，女性労働者の二極分化をもたらしたのである（注17）。

㈤　エッセンシャル・ワーカーの低賃金問題

　筆者は拙著で福祉労働者の低賃金問題に関して次のように述べている。「一般的には労働力価値と労働力の使用価値は一定の相関関係があるといえる。すなわち労働力価値が高いとその使用価値も高くなる。しかし最近両者の相関関係が弱くなり，両者の乖離が拡大している。その典型的な例が福祉労働者の場合である。人口高齢化に伴い，福祉労働の重要性が高まり，かつその労働の質も高度化しているにもかかわらず，その賃金は依然として低いままであり，仕事をやめていく労働者が後を絶たない。福祉労働は以前は女性，しかも中高年女性の比重が高く，不安定就業的性格が強かったために，その労働力の価値と使用価値は低く評価された。しかし現代は男性が増え，大学卒業者も増え，社会福祉士や介護福祉士，ケアマネージャーなどの国家資格を取っている人が増えて，他職種と比較した労働力価値は以前に比べ高まっているだろう。にもかかわらずその使用価値がなお低く評価されたままである」（拙著『労働力価値論の再検討』。鉱脈社，2013年。p.25）。この指摘はエッセンシャル・ワーカー全体に当てはまるであろう。姉歯曉氏も，介護労働は家庭で誰でも日常的に行って

いる私的労働の延長上にある労働と評され，労働の重要性が無視され，低く評価されているとされる（『経済』No.344，2024年5月。pp.53〜54）が，その指摘は正しい。

(a) 問題意識。使用価値の高い労働（＝社会的有用性が高い労働）の賃金が低いのはなぜか。エッセンシャル・ワークの社会的有用性は高い。しかしその評価は低い（利潤と直結する分野はその逆となる）。そのギャップを埋める必要がある。そのためには最低賃金制の確立と何らかの社会的給付が必要である。

(b) 賃金は労働力価値（＝必要生活費。これには熟練の形成費も含まれる）に対する支払いである。しかし労働力価値に対して直接支払われるのではなく，その使用価値（＝労働）に対する評価（労働者を雇用するのは資本家であるから，その使用価値の評価は資本家の恣意的判断，すなわち資本家に利益をもたらすか否か）にゆだねられる。このことは一般商品についても同じである。直接商品の価値に対して支払われるのではなく，その商品の使用価値に対する評価にもとづいて支払われる（評価が高いと消費が増え，価値以上の価格で売れ，評価が低いと価値以下の価格でしか売れない）。商品の価値は，日々変動する商品の価格の重心として機能する。

(c) エッセンシャル・ワーカーの定義。医療・福祉，教育などに関わる労働者，人々の日々の生活に直結する生産・流通分野・サービス分野の労働者，農業や地場産業従事者などである（エッセンシャル・ワーカーは，通常指摘される医療・介護労働者だけでなく，もっと広く捉える必要がある）。ここではその代表として，福祉労働者を取り上げる。福祉労働はその重要性にもかかわらず極めて低い賃金であり，エッセンシャル・ワーカーの抱える問題が集約された労働であるためである。彼らの賃金が低かった理由は，①伝統的に相対的過剰人口としての性格が強かったこと（お手伝いさん的考え方。家計補助的労働），女性職であることなどである。しかし現代は男性，大卒者も増えている。②福祉産業では零細企業・事業所が多く，その賃金支払い能力が低かったこと（農業や地場産業も同じ）。③彼らの仕事は公務的なものとすべきである（ヨーロッパの福祉国家の例）。社会福祉基礎構造改革（1998年）と介護保険（2000年）を機に，民営化・措置制度の見直し，国庫負担引き下げを

第2章　労働力価値論の検討

したのは誤りであった。その結果，賃金が一層低下した。

(d)　ブルシット・ジョブ（BJ）の定義。酒井隆史氏によるとブルシット・ジョブとは，「完璧に無意味で，不必要で，有害でさえある雇用の形態」である。それが増殖した背景はネオリベと官僚主義の結果，管理職の増大（情報関連分野の発達や金融化で）であり，そこでは社会的価値と市場価値の反比例の関係がみられる（注18）。ブルシット・ジョブにはもちろん雑用的低賃金労働分野もあるが，ここでは使用価値の社会的評価が低い（＝社会的有用性が低い）のに，高い報酬を得ている仕事，例えば投機的職業（金融工学の研究者や技術者，一種の不動産業や金融業経営者），風俗業，カジノ産業など特定のサービス業種とする。

表1によると，賃金・報酬①では，福祉労働者の賃金が高くなるのに，賃金・報酬②ではBJの賃金・報酬が高くなる。結果的には，福祉労働者の社会的有用性は高いのに，必要生活費30以下の賃金しか支払われない。逆にBJは必要生活費以上の賃金・報酬を得る。

表1　福祉労働が低く評価された場合

	必要生活費	労働力の使用価値が正しく評価	資本家による恣意的評価	賃金・報酬①	賃金・報酬②
福祉	30	20	10	60×20/30＝40	60×10/30＝20
ＢＪ	30	10	20	60×10/30＝20	60×20/30＝40
計	60	30	30	60	60

＊　賃金・報酬①は、使用価値（労働の社会的有用性）が正しく評価された場合。その②は、資本家によって恣意的に評価された場合。
＊　必要生活費は、福祉労働者とBJの間に差があるかもしれないが、ここでは同じと仮定する。
＊　社会全体における必要生活費総額と賃金総額は一致するものと仮定する。

表2では福祉労働者の労働に対する資本家の評価が一層低下し5となったとする。そうすると福祉労働者の賃金・報酬②は12となり，表1よりさらに低下している。逆にBJの賃金・報酬②は増加している。筆者の考えでは，資本主義の発達とともに必要生活費以下の賃金しか支払われない労働者が増加する。

33

表2　福祉労働がより一層低く評価された場合

	必要生活費	労働力の使用価値が正しく評価	資本家による恣意的評価	賃金・報酬①	賃金・報酬②
福祉	30	20	5	60×20/30＝40	60×5/25＝12
BJ	30	10	20	60×10/30＝20	60×20/25＝48
計	60	30	25	60	60

　特に最近は中間層が没落し，非正規労働者が増えるなど下層労働者が増えているが，この傾向（必要生活費以下の労働者の増加傾向）がますます強まっている。しかし他方では，巨額の賃金・報酬を得ている経営者や研究者・技術者もおり，格差の拡大が指摘されている。表2はその状況を示すものである。

　以上のように，資本家による恣意的評価が低くされることによって，福祉労働者の賃金は低下し，本来支給されるべき賃金がBJ部門に移されていると考えられる。したがって福祉労働者には何らかの形で社会的給付を行う必要があろう。農業や地場産業についても同じことが言える。農業や地場産業の重要性にかんがみ，社会的給付（所得保障）が不可欠であろう。

(六)　労働力価値の長期的・短期的変動

図2　必要生活費と実質賃金の長期的・短期的変動

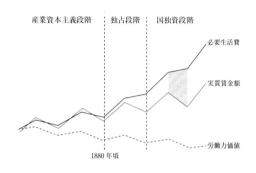

　労働力価値の長期的・短期的変動について簡単に述べることとする（詳しい論証過程は，前掲の拙著を参考にして頂きたい）。産業資本主義段階には，賃金は

短期的には必要生活費の上下を変動しながら，（独占段階に比べると）長期的には両者は一致していた（もちろんこれは平均的に言えることであって，不熟練労働者の賃金は長期的に必要生活費以下に低下し，多就業が必要であった）。しかし19世紀末頃，資本主義が独占資本主義といわれる段階になると，大量生産・大量消費 (注19) と独占価格によって，必要生活費は不況にも低下せず，賃金は低下するので長期的にも必要生活費を下回るようになった（ただし「必要生活手段の価値」としての労働力価値は低下し，剰余価値率＝搾取率は上昇する）**（図2）**，(注20)。その結果，①共稼ぎの増加，②家族規模の縮小（少子化，核家族化，単身家族化など），③社会保障への依存の高まりなどの現象が拡大した (注21)。今日言われている「ワークシェアリング」（価値分割），出生率の低下と家族の弱体化，「選別的福祉から普遍的福祉」へ，あるいはベーシックインカム論やAI化の経済的必然性の根拠はここにあるのである (注22)。

　ただし注意しなければならないことは，必要生活費という場合，その中には本当に必要な生活費と，資本主義的ムダの強制（マスメディアを利用した宣伝・広告による半ば強制的な買い替えと，まだ使えるものを廃棄することや，一家に何台ものテレビがあるなど）が含まれていることである。したがってシェアリングエコノミーなどを発展させてこの浪費を無くし，必要生活費の伸びを抑制することは重要である。

㈐　労働力価値論と史的唯物論

　拙著で述べたように，従来の史的唯物論に関する研究は主として技術的側面から議論され，労働力価値論との関係で論じられることが少なかったように思える。言うまでもなく，いかなる社会でも労働力は生産力の最も重要な要因であり（将来は知識の重要性が高まり，労働の重要性は低くなるといわれているが），かつ資本主義社会は労働力が売買されることによって成立する社会である。したがって，そこでは労働力が再生産されることが最も重要な条件となる。ところが現代，出生率の低下などで労働力の再生産が困難になっているが，これは資本主義の存立基盤が弱体化することになるであろう (注23)。この点について考えよう。

史的唯物論の理解で重要なことは，資本主義社会はその体内において，自ら
を否定する新しい社会の芽＝基礎が形成されつつあるということである。具体
的には①「労働に応じてでなく，必要に応じて」という分配の仕組みが形成さ
れつつあること，②新しい社会の技術的基礎が形成されつつあることである。

(1) 社会保障をめぐる矛盾の激化

社会保障が発展し始めるのは19世紀末から20世紀初めにかけてであり，本格
的に発展するのは第2次大戦後である。第2次大戦後の社会保障の理念・原則
と機能は，①慈善ではなく，権利としての社会保障，②健康で文化的な最低生
活保障，③所得再分配と国民連帯（国民相互の助け合い），④社会保障を発展さ
せる国家責任と社会保障費の企業負担原則，⑤景気対策（有効需要政策）とし
ての機能，などである。しかし今日新自由政策による生活自己責任原則のた
め，①，③，④の原則が弱体化し，その結果②も後退（生活保護受給者に対す
るバッシングなど）している。これが普遍的福祉論やベーシックインカム論が
登場してくる社会的背景である。そして他方では，社会保障が削減され，出生
率低下，少子高齢化，家族の弱体化，中間層の没落などの現象が起こっている
が，その中で社会保障への依存度が高まるとともに，その危機も叫ばれてい
る。とくに社会保障費の増大は現代資本主義にとって深刻な矛盾となっている
（新自由主義者はその大幅削減を主張している）。こうした矛盾を解決するために
は，新自由主義的政策を廃止し，デンマークなどで普遍的福祉が広がった背景
には協同組合があったが，そういうアソシエ――ション社会を再構築し，資本
制的浪費（たとえば頻繁なモデルチェンジによる車の買い替えなど）を無くし，そ
れで浮いた資金で①，③，④の機能を拡大することが重要であろう。

現代資本主義の主要矛盾の一つは出生率低下による少子高齢化，そして格差
拡大と貧困問題であろう（そして環境問題や食料危機の問題である）。少子高齢
化，家族規模の縮小・解体は「生活の社会化」と言われる現象を引き起こして
いる（つまり社会保障への依存の高まり）。それは一方では搾取基盤としての労
働力再生産を困難にすることであり，他方では社会保障費の膨張をもたらして
いる。必要生活費と賃金との格差の拡大→出生率低下による少子高齢化と家族
解体，および搾取基盤の弱体化→それを防ごうとすれば社会保障費の膨大化→

社会保障費抑制→必要生活費と賃金の格差の拡大という悪循環に陥らざるをえない。こうした論点を史的唯物論の中に位置づける必要がある。

史的唯物論によると，社会主義社会が成立するためには生産力の大きな発展が必要とされる。もし生産力の「無限」の発展が社会主義の前提であるならば，資源の制約や環境問題との関連で，疑問である。生産力の「無限」の発展が不可能ならば，人々の生活を今日より高めるためには，今のような生産力の浪費（大量生産・大量消費・大量廃棄）をなくし，社会保障の発達で格差と不平等・貧困をなくし，人々の生活をできるだけ安定的かつ効率的にする必要があるであろう（ベーシックニーズを充実させ，無駄な消費を抑制して図2の必要生活費の伸びを抑制することが必要となる）。したがって将来の社会においても，社会保障やその他の共同生活基盤＝社会的共通資本の重要性は一層高まるであろう。その意味で，社会保障制度などの発達は，社会主義の重要な経済的基礎の一つといえるだろう（「労働に応じて」でなく，「必要に応じて」という分配様式）。それを準備するのが資本主義の生産力の発展である。資本主義的生産力の発展は，一方で人々の生活水準を「上昇」させながら，他方では賃金を抑制する。その結果，労働力の再生産を困難にして，社会保障の発達を必然化させるのである。

(2)　新しい社会の技術的基礎について

労働力価値論と史的唯物論の関係で考察されるべきことのもう一つは，出生率低下と新技術に適応しにくい高齢労働者の増加といった諸要因による労働力不足のために，AI等の発達が急テンポで進んでいることである。その結果，社会の大きな変化が発生する可能性が指摘されている（注24）。もう一つはAIによる生産力の発展と必要生活費と賃金の格差拡大とそれに伴う需要抑制による矛盾の激化＝過剰生産の危機である。そのためにベーシックインカムが主張されるようになっている。ベーシックインカムについては第五章で詳しく述べることとし，ここでは前者の問題について見ておこう。

(3)　第四次産業革命と社会的影響について

多くの研究者によって，現代資本主義の限界が指摘されている。マルクス経

済学ではかなり前から，資本主義のもとでは完全オートメーションは不可能であるとの指摘があった。例えば中村静治氏はその理由を，完全オートメーションになると労働が不要となり，資本主義の最も基礎である商品の価値を作り出すことができなくなり（＝労働価値論が成立しなくなる），資本主義が崩壊せざるを得ないことと，労働者が減少して需要が減り，商品が売れない（価値実現ができない）ことに求めている (注25)。最近この中村氏の説を補完するような新しい考え方が多く出てきている。その代表的見解がジェレミー・リフキンの見解である。そこで彼の説から見ていこう。

　彼は，①資本主義の究極の矛盾として，資本主義は激しい競争で生産性を頂点にまで引き上げ，その結果限界費用がゼロ（製品が無料になる）になって利益が得られなくなること，②３Ｄプリントであらゆるものが極めて安価になり，ＭＯＯＣ（インターネットを通じた教育）で，教育も無料になること，③労働の終焉，無人工場，知識労働者が不要になること，④新自由主義でコミュニティが崩壊したことに対し，コミュニティの再評価が行われ，コモンズの再生，共同組合の復活がみられること，⑤所有から協力型消費（シェアリングエコノミー）の発達，利益を目的としない社会的企業の増加などを指摘している (注26)。さらに落合陽一氏は，ハードウェア的なインフラが後退した地域でも，ネットワークさえあれば地方でも不自由なく仕事ができるようになると指摘され，小規模分散型社会の可能性を指摘されている (注27)。

　デジタル化・AI化を一方では無条件に，まるで天国であるかのように賛美する見解と，他方ではそれが人をAIの奴隷にするとして頭から否定する見解があるが，大切なことはその進歩性とその資本主義的充用の問題を区別することである。藤田実氏は，①AI革命による新しい社会主義社会形成の可能性，AIによる生産の無政府性の「止揚」と労働時間の短縮の可能性を指摘されるとともに，②AI革命の資本主義的充用の結果，雇用削減の可能性（ただし専門技術者は増える），ジョブ型雇用による解雇自由の世界になる可能性を指摘している。野口義直氏もAI化によって労働者は自らの再生産費以下の賃金しか支払われず，世代的再生産が不可能となり，人口減少，消費減少の危機になること，ベーシックインカムについては，労働者がそれを闘い取らねばならないと指摘している (注28)。藤田氏と野口氏の見解は労働力価値論に関して非常に重要

第2章　労働力価値論の検討

である。雇用の削減，再生産費以下への賃金の低下と出生率の低下による人口減少などである。そして大切なことは，AIの進歩性（労働時間短縮の可能性や生産の無政府性の「止揚」）についてもそれはあくまでも技術的可能性の域を出ていないということである。現実にはGAFAなどプラットフォーム大企業は独占的地位を利用して雇用を削減し，低賃金労働者を採用するなどして巨大な利益を得ている。AIの進歩性を実現するためには，GAFAなどを規制する必要がある（注29）。

⑷　アソシエーション社会（共生社会）の形成について。

まず地方分権化と労働力価値論の関係について考えよう。周知のように地方が崩壊しつつある。その原因は，①出生率低下による少子高齢化と家族規模の縮小，②職場不足や低賃金による都市への人口流出（特に若者）である。それを阻止するためには，雇用の場の確保や賃金の引き上げ，経営危機に陥っている中小零細自営業や農家の所得保障が必要である。今地方では医療・福祉分野やIT分野の就業者が増えている（前述したようにIT企業の地方進出も増えている。今後は誘致だけでなく，地元の大学との連携で地場のIT企業を育成することも重要である）が，今後ますますこの動きが強まると考えられる。医療・介護の分野でAIやロボットの活用が期待されているからである（注30）。特に高齢化が進んでいる地方では，雇用確保のためにも医療や福祉の充実とIT企業との連携は必要である。そして医療・介護産業と，IT企業や地場企業，農業，教育（学校）の連携を強め（病院，施設，学校，地場企業が給食などに地元の有機農産物を購入し，代わりに農家や地場企業は地元の病院や施設，学校を利用するなど），地域内経済循環を実現することが重要である。なお，最近，熊本では，一方で半導体受託の世界最大手，台湾積体電路製造（YSMC）の誘致をするとともに，他方では半導体産業に過度に依存しないため，スマート農業や医療，中小企業支援を新たな地域経済活性化の柱にする計画である（宮崎日日新聞，2024年8月22日）。このように，バランスのとれた産業構造にすることが重要である。

労働力価値論の一つの重要な意義は，アソシエーション社会（共生社会）を再構築して，社会保障の権利性や所得再分配機能を強化することであり，それをテコとして地域の経済循環を形成することである（注31）。そしてそこは協同

39

組合，ボランティア，NPOが大きな役割を果たす社会でもある。それについてみてみよう。

川口清史氏によると，1970年代以降の福祉国家の危機の中で，ヨーロッパ福祉システムが変容し，新しい非営利セクターが発展してきた。それは三つの形態で発展した。①相対的に規模の大きな制度化された非営利組織，②地域に密着した比較的小規模な非営利組織，③社会サービスの協同組合（労働組合，消費者協同組合など）である。特に1980年代から90年代，新しい，雇用確保や社会サービス，コミュニティサービスの分野で協同組合が発展した（イタリアの社会的協同組合，スウェーデンの複合協同組合などである）。非営利・共同セクターの新しい役割は，①「新しい公共性」で，スウェーデンの障害者協同組合「自立生活」にみられるように，障害者自身が主体となってヘルパーを雇用し，訓練し，サービス内容を検定すること，②資本や権力よりも，労働する人間の能力や意欲に依拠する方がより大きな要素である事業分野（医療，福祉，教育，文化，高度な科学技術分野など）での役割，③コミュニティの形成と維持である。従来の外発的発展でなく，内発的発展の役割である（注32）。さらに岸本聡子氏によると，バルセロナ市議会が2012年に上下水道を民営化したことをきっかけに，「バルセロナ・イン・コモン」が生まれ，再公営化の住民投票と，「ミュニシパリズム（地域に根づいた自治的な合意形成をめざす地域主義的な立場）が形成された。それは新自由主義を脱却して，＜コモン＞の価値（公益）を中心に置くことである（注33）。

日本でも，そういう自主的な地域づくりが生まれてきている。田中尚輝氏によると，日本でのボランティア活動の発展は1970年代から始まり，1980年代からより積極化した。そして1998年（平成10年），生産性至上主義への反省などから，「特定非営利活動促進法」が成立した。ボランティア活動は社会参加型の直接民主主義であるとされる（注34）。実際に住民のボランタリーな参加で，自治的な地域を作っていく取組が各地で実施されている。例えば島根県海士町や同雲南市，兵庫県朝来市などである（注35）。

こうした考え方が広がってきている背景は，新自由主義による民営化，賃金や社会保障・福祉の削減，地方の切り捨てなどによる資本主義の危機である。この危機に対する対策は，一つはグローバル化やGAFAなどにみられる独占

化，選択と集中による既存産業の切り捨て，都市への集中の促進である（新自由主義的対策）。もう一つは，アソシエーション社会（共生社会）の動きである（注36）。現代は，大別するとこの二つの相反した動きが対抗しあっている。アソシエーション社会の技術的基礎はAIなどによって発展しつつある。問題はそれを実行する主体的活動である。上述したように世界中でその動きがみられるが，まだ日本では十分な展開とはいえない。この動きを更に強化することが必要である。

注1）労働力価値概念については，詳しい論証は拙著「労働力価値論の再検討」（鉱脈社，2013年）を参照していただきたい。ここでは要点のみを述べることとする。

注2）以下で述べる労働力の価値とは，必要生活手段の価値ではなく，価格のことである。今日では独占価格などのため，諸商品の価値と価格が異なるためである。

注3）働く女性が増加している現状では，労働力価値の個別化（価値分割＝ワークシェアリング）はきわめて重要な問題である。その理由は，①賃金と必要生活費の格差が拡大するもとでは，価値分割は必然的であること，②女性の社会経済的地位の向上のため，そして③少子高齢化に伴う社会保障の財源確保のためである。しかし問題もある。今，日本で進んでいる価値分割の結果，男性の賃金が低下し続け，女性は非正規労働者化していることである。真の意味での労働力価値の個別化を促進するためには，非正規化の規制，「同一価値労働・同一賃金」およびしっかりとした最低賃金制度の確立と労働時間の短縮が不可欠である。そして共稼ぎで増えた賃金の一部を社会保障（「再生産外支出」＝働けない高齢者や障がいのある人たち）に利用することが重要である。労働力価値の個別化のメリットとデメリットを正しく把握しておく必要がある。

注4）成瀬龍夫氏は，働く能力のない人たちの生活費は社会的共同消費元本として，剰余価値から支払われるとされる（成瀬龍夫「社会生活の経済理論」。お茶の水書房，1988年。p.241）が，筆者は疑問に思っている。現役の働く労働者にさえまともな賃金を支払わないのに，その資本家が彼らに剰余価値から支払うだろうかという疑問である。

注5）小川喜一「イギリス社会政策史論」（有斐閣，1961年。p148，202）。

注6）貯蓄や退職金について考えよう。それらは高齢者が働いていた時の賃金の一部なのかということである。筆者の考えでは，老後の生活費は本来社会保障から支払われるべきものである。なぜならそれは労働力再生産費には含まれないからである。しかし日本では社会保障が未発達だったため，企業（＝大企業）が肩代わりしてきた。しかし中小零細企業で働く人たちはそれが十分に支払われなかったか，あるいはまったく支払われなかった。もし老後の生活費が働いていた時の賃金の後払いならば，それは不合理である。今後社会保障が一層発展すれば，そして必要生活費に比べ賃金が抑制され，貯蓄が困難になる（今の若い労働者はそういう状況になりつつある。統計調査でも貯蓄が無い人の割合が増えている）ならば，老後の生活費に占める貯蓄の比重が低下し，年金など

社会保障の比重が高まると考えられる。退職金も社会保障に転換し，できるだけ所得再分配をしていくことが必要である。

注7）B・ドゥーデン/C・V・ヴェールホーフ著・丸山真人訳「家事労働と資本主義」（岩波書店，1998年。p.viii）。日本では駒村康平氏も同様な見解である。氏は「年金はどうなる。家族と雇用が変わる時代」（岩波書店，2009年）の中で，「年金分割は家事労働の評価であり，女性を家に縛りつける政策であり，望ましくない」という意見に対し，「家事労働も市場労働も生活に不可欠なものである。・・・市場労働のみに年金権が保障され，家事労働には年金権が保障されないことは，かえって人為的に家事労働の価値を下げるもの」（p.170）と批判されている。酒井隆史氏も，ブルシット・ジョブとの関係で，家事労働に賃金を支払うことを主張している。家事労働はブルシット・ジョブと異なり，社会的有用性を持っているからという理由である（「ブルシット・ジョブの謎」。講談社現代新書，2021年。pp.208 ～ 210）。現代は，価値重視・使用価値軽視の経済システムが問われるようになっている。

注8）前掲書（pp.39 ～ 40，115 ～ 116，p.198）。日本でも，女性の社会経済的地位は古代や中世には高かったが，近代になって低下しはじめ，特に明治時代になって大きく低下し，女性の職業も低く評価されるようになった（国立歴史民俗博物館監修・「性差の日本史」展示プロジェクト編「新書版性差の日本史」。インターナショナル新書，2021年）。同様な指摘は山川菊枝「婦人運動小史」（歴史科学協議会編「歴史科学体系第16巻，女性史」所収。校倉書房，1998年。p.118）にもみられる。男女性別役割分業については，それが成立し始めたのは明治20年代以降の資本主義の発達過程であり，本格的に浸透したのは第2次大戦後，特に高度成長期である（中村敏子「女性差別はどう作られてきたか」。集英社新書，2021年。p.153，pp.167 ～ 168）。

注9）デボラ・キャメロン「はじめてのフェミニズム」（「ちくまプリマー新書」，2023年。pp.88 ～ 89，94 ～ 96）。日野徹子氏は，マルクス『資本論』では，子どもの養育や家庭内で行われている育児や家事等の外注でその費用がかさんでいること，それまで無償であった家庭内女性労働が，家庭外の有償労働に変わっていったその労働にどれだけの価値を与えるかという，保育や福祉，介護の賃金の低さなどと関わる基本認識が語られているとしている（「ジェンダー平等と資本主義」。『経済』No.320，2022年5月。pp.104 ～ 105）。この指摘から，マルクスが家事・育児労働の有償化について考察していたことがわかる。大西広氏は，青柳和身氏の表を参考にしながら，資本主義の継続にとって決定的な労働力の再生産が賃金部分だけでなく，それと妻の家事労働全体によって担われていると正しく指摘されている（「『人口ゼロ』の資本論」。講談社＋α新書。2023年。118ページ）。ただ妻の家事労働に賃金が支払われるべきかについては言及していない。

注10）竹信三恵子「家事労働ハラスメント」（岩波新書，2013年。p.120，pp.186 ～ 187）。なお竹信氏は「ワークシェアリングの実像」（岩波書店，2002年）の中で，オランダの奇跡を取り上げ，オランダでは1990年代に男女役割分業が大きく是正され，正社員と同等な時給と権利を持つパートの増加と労働時間の短縮が見られたこと，その背景に手厚い安全ネットワーク（保育体制や労働不能手当など）があったこと，ただまだ男女の経済的格差は大きいことなどを指摘されている（pp.175 ～ 192）。

注11）牧野百恵「ジェンダー格差」（中公新書，2023年。pp.206 ～ 207）。

第 2 章　労働力価値論の検討

注12）筒井淳氏は，北欧社会は「ケアが外部化」された社会とされ（「結婚と家族のこれから」。光文社新書，2016年。pp.134 ～ 136），前田正子氏もミュルダール夫妻の「子供を養育する経済的負担は大部分，個人の側から社会に移すべき」という言葉を引用されている（「無子高齢化」。岩波書店，2018年。p.145）。

　　男女均等待遇のための「積極的改善措置」（ポジティブ・アクション）については，辻村みよ子氏の詳しい分析がある。氏によると，ヨーロッパ諸国では1970年前後からポジティブ・アクションが実施されるようになり，特にスウェーデンの充実した育児休業制度やノルウェーの「パパ・クオータ」制度の導入で，男性の家事・育児労働が積極的に行われるようになっている（辻村「ポジティブ・アクション」。岩波新書，2011年。pp.49 ～ 52）。男性が家事・育児労働にかかわるようになると，家事・育児労働が有償とみなされるようになることは明白である。男性が育児休暇中に会社で仕事をしていないのに給料を支払われるのは，家事・育児労働に対する支払いとしか考えられない。つまり，家事・育児労働が事実上，企業内の労働の一部とみなされるようになっているということである。したがって家事労働が有償化されても，女性にその仕事が押しつけられるという心配はない。むしろ有償化されると，男性の家事労働が増えるであろう。

　　それに対し日本では，1990年以降，男女参画基本法が制定され，その後数次にわたって改革されているがあまり進んでいない。日本のジェンダー・ギャップ指数は146 ヵ国中116位（2022年）であり，男性の育児休業取得率は徐々に上昇しているがなお少なく，依然として家事・育児労働はほとんど女性が担っている（浅倉むつ子「新しい労働世界とジェンダー平等」。かもがわ出版，2022年。pp.104 ～ 106。および令和 3 年「男女共同参画白書」。p.38，pp.113 ～ 114）。日本では家事・育児労働が軽視され，無償と考えられているため，男性が仕事を休んでまで家事・育児労働をやらないのではないだろうか。

注13）二宮厚美「社会サービスの経済学」（新日本出版社，2023年。p.24）。

注14）木下武男「労働組合とは何か」（岩波新書，2021年。pp.139 ～ 142，145 ～ 146）。今野晴貴氏も産業別組合（ブラック企業ユニオン）の立場から，正社員もブラック化する状況を解決するために，ジョブに基づく賃金と最低賃金の大幅引き上げを主張している（「ストライキ2.0 ブラック企業と闘う武器」。集英社新書，2020年。pp.209 ～ 212）。

注15）濱口圭一朗「新しい労働社会」（岩波新書，pp.127 ～ 130，149 ～ 55）。さらに宮本太郎編「弱者99％の社会。日本復興のための生活保障」（幻冬舎新書，2011年。p.74）でも，「ジョブ型正社員」の主張がされ，その実現には，公的な生活保障システム，教育訓練システムが必要であるとされる。なお日本ではフレキシキュリティを高く評価する人が多いが，最近ヨーロッパではその見直しが行われているようである。フレキシキュリティが新自由主義を進め，格差を拡大したという批判である（橋本陽子「労働法はフリーランスを守れるか」。ちくま新書，2024年。p.207）。橋本氏はその中で，ジョブ型雇用の問題点も指摘されている（p.213）。

注16）新自由主義的雇用政策を主張しているのは大内伸哉氏である。氏は日本企業の競争力を高めるために解雇規制の緩和を主張し，将来の働き方としてテレワーク，ギグエコノミー，フリーランスなどを主張している（「会社員が消える」。文春新書，2019年。pp.90 ～ 95，100 ～ 106）。それに対し，ジョブ型雇用を批判しているのは，山崎憲「『働くこと』を問い直す」（岩波新書，2014年。p.131）や久原穏「『働き方改革』の嘘」（集英社

43

新書，2018年。pp.59 ～ 63），牧野富夫「コロナ危機下のテレワーク・『ジョブ型雇用』」（『経済』No.304，2021年１月号。pp.104 ～ 107）などである。最近橋本陽子氏がフリーランスに関して，労働法が適用されないことなど詳しい分析をされている（前掲書）。筆者は日本の現代の社会保障や職業訓練の現状では，「ジョブ型雇用」には賛成できない。なお日本型経営や日本的雇用慣行を評価する見解もある。日本的雇用慣行のもとでの技能養成を評価したものである。例えば松原隆一郎氏は，日本企業の競争力は終身雇用制度が支えたとし（『長期不況論』。NHKブックス，2003年。pp.190 ～ 192），大瀧雅之氏は，日本的経営は技術の継承という役割を果たしたと評価している（『平成不況の本質』。岩波新書，2011年。p.70）。

注17）竹信三恵子「ワークシェアリングの実像」は，日本型ワークシェアリングは賃下げと同義語であるとされ（pp.13 ～ 18），本来のワークシェアリングを日本で妨げている要因は，①男女分業社会，②公的社会保障の低さを挙げている（pp.108 ～ 109）。

注18）酒井隆史，前掲書。p.50，pp.164 ～ 166，170 ～ 172，184 ～ 185。

注19）アメリカでは1880年代に「アメリカ的生活様式」が形成されはじめ，中・高等教育も普及し始めた（紀平英作・亀井俊介「アメリカ合衆国の膨張」。中央公論社，1998年。pp.197 ～ 202，209 ～ 210）。大量生産・大量消費の「アメリカ的生活様式」が本格的に成立するのは1920年代である（西川正雄・南塚信吾「帝国主義の時代」。講談社，1985年。pp.243 ～ 244）。

注20）今日の状況は図の斜線部分に相当するだろう。「失われた30年」の間，生活必需品の価格は不況期で伸び率が低下しているが，実質賃金がそれ以上に大幅に下落して，両者の格差が拡大しているのである。

注21）鳥居伸好氏が「労働力価値基準を下回る場合の補完措置としての社会保障制度の充実は，貧困問題の改善にとって不可欠な対応となる」（「現代資本主義における貧困化問題」。『経済』No.284，2019年５月。p.74）と主張されているのは正しい。なお渡辺努氏（インフレターゲット論者と考えられるが）は，名目賃金と物価がほぼ同率で上昇すること（したがって実質賃金は同じ）を主張されている。（「世界インフレの謎」。講談社現代新書，2022年。pp.246 ～ 250）。しかし図２で見たように，実質賃金が上昇する場合でも労働者の生活は苦しくなりうるのである。彼らが消費する生活必需品が増加するからである。まして実質賃金が同一な状況が続くと，彼らの生活は悪化し，節約のため消費抑制や出生率低下などがおこるのは避けられない。渡辺氏はこの点を見失っている。

注22）宮本太郎氏は，貧しい人に給付を集中する選別主義は「支える側」の政治的反発を高め，社会保障支出そのものを抑制する結果となるとし，普遍主義的な福祉こそが，困窮問題に最もよく対処できたと述べられている（宮本太郎編著「転げ落ちない社会」。勁草書房，2017年。pp. 9 ～ 10）。筆者の考えでは普遍的福祉の背景は，①北欧諸国にみられるように，協同組合など市民たちの努力で発達した側面と，②新自由主義による貧困の拡大＝中間層の没落とその救済の必要性の高まりという側面があるように思われる。①の側面が強まると，普遍的福祉は一層発展し，②の中間層の没落が進むと，彼らによる貧困者に対するバッシングが強くなり，社会保障・福祉が後退する可能性がある。今，北欧諸国では後者の傾向が強まっている。そして，資本主義の危機に対し，ベーシ

ックインカムの必要性を主張されているのは井上智洋氏である（「AI時代の新・ベーシックインカム論」。光文社新書，2018年。pp.174 ～ 184）。しかし，ベーシックインカムは「労働に応じてでなく，必要に応じて」という進歩性ないし必然性があると同時に，資本主義を擁護あるいは延命するという二重性格を持つことを理解する必要がある。

注23）日本経済の長期停滞の重要な原因が出生率低下と人口減少，高齢化，貧富の格差の拡大であることは多くの研究者が指摘している。例えば福田慎一「21世紀の長期停滞論」（平凡社新書，2018年）は，その重要な原因として，人口減少と高齢化，格差拡大を挙げている（pp.41 ～ 54）。さらに盛山和夫「経済成長は不可能なのか」（中公新書，2011年）は，人口減少による需要減少と投資意欲の減少を挙げており，社会保障の充実で経済の活性化を図ることを主張している（pp.135 ～ 130）。藻谷浩介氏も生産年齢人口の減少による就業者数の減少がデフレの原因としている（「デフレの正体——経済は『人口の波』で動く」。角川新書，2010年。p.134）。さらに最近大西広氏は，「数理マルクス経済学」の見地から，子供のコスト（養育費）の上昇のため，理論的には将来人口がゼロになるとする。そして労働者の賃金は，①労働者自身の正常な生活状態を維持するために必要な生活手段の購入，②子供の生活手段の購入，③労働能力の養成費・教育費によって構成されるが，②と③が切り詰められ，（マルクスは）日本の教育荒廃と少子化を怖いぐらい言い当てていると指摘される。そして不可避的に生じる生活水準の上昇は「子供のコスト」を引き上げるので，出生率が低下するとされる（前掲書。pp.69 ～ 70，p.110）。この大西氏の考えは筆者の労働力価値論の考え方とほぼ同じである。付け加えると，①も切り詰められ，労働者本人の正常な生活もできなくなっていることは，多くのワーキングプア調査で明らかである。

注24）AIの発達によって，現代は「第四次産業革命」の時代といわれている。それはあらゆるものがIoTとつながり，ビッグデータをAIで解析することによって，デジタル世界と物理的世界が融合する時代であり，ICT革命の新段階である（友寄英隆「AIと資本主義」。本の泉社，2019年。pp.67 ～ 68）。この定義はDX（デジタルトランスフォーメーション）の定義とほぼ同様である（坂村健「DXとは何か」。角川新書，2021年。p.15）。第四次産業革命で重要な役割を担っているのがデジタル・プラットフォーマー（GAFAやBATH）である。その最大の武器はビッグデータであり，ビッグデータによって利益を獲得する。その特徴は，①莫大な設備投資を必要としないこと，限界費用が著しく低く，サービスは無料が多いこと，事業の拡大が容易であること，②しかし他方で寡占化，独占化の危険があること，③「中央集権型」から「地方分権社会」へ，それを可能にするのがブロックチェーンであること，などである（田中道昭「2025年のデジタル資本主義」（NHK出版新書，2020年）。

注25）中村静治氏は，「機械製作過程の完全オートメ化は資本主義の下では不可能である。・・・そして全国民経済の生産の全面的オートメ化は，剰余価値を生む生産労働者を駆逐してしまう。その他，生産と消費の矛盾も激化せざるをえない」と指摘されている（「現代工業経済論」。汐文社，1973年。p.140）。友寄英隆氏も，将来「汎用AI」が発達すると，価値法則が貫徹しなくなり，新しい社会に移行せざるをえないとしている（前掲書，p.227）。

注26）ジェレミー・リフキン「限界費用ゼロ社会」（柴田裕之訳）。（NHK出版，2019年。

pp.13 〜 15，137 〜 142，186 〜 204，244 〜 252）。リフキンと同様な指摘をしている人は多い。例えばマルクス・ガブリエル，マイケル・ハート，ポール・メイソン，斎藤幸平編「未来への大分岐。資本主義の終わりか，人間の終焉か」（集英社新書，2019年）もほぼ同様な指摘をしている。その中で重要な指摘は，オートメーションは一方で労働時間を短縮し，強制的・義務的労働から解放をもたらすが，他方では低賃金・単純化労働，ブルシット・ジョブの拡大をもたらすこと，ベーシックインカムは収入を仕事から切り離せる（必要に応じた給付）が，他方では社会保障の削減と低賃金をもたらす可能性があることを指摘していることである（pp.110 〜 113，118 〜 119，275 〜 277）。その他，落合陽一「日本進化論」（SB新書，2019年。pp.74 〜 75），太田裕郎「AIは人類を駆逐するのか？自律世界の未来」（幻冬舎新書，2020年。pp.158 〜 161），井上智洋「メタバースと経済の未来」（文春新書，2022年。pp.123 〜 124，136 〜 140）なども限界費用ゼロ社会を指摘している。

注27）落合陽一，前掲書。pp.77 〜 78。伊藤穣一氏も，仕事がその内容，場所，時間から解放され，多様な働き方が可能になるとしている（「テクノロジーが予測する未来」。SB新書，2022年。pp.77 〜 78）。実際に今，先端的ＩＴ企業が田舎に進出している。例えば吉田基晴氏は，自己が経営するＩＴ企業が徳島県海部郡美波町に本社を移転，「半X半IT」という働き方をしていること，過疎地には仕事がたくさんあり，ＩＴ企業と過疎地は親和性が高いことなどを指摘している（「本社は田舎に限る」。講談社＋α新書，2018年。pp.159 〜 162）。さらに小規模分散型エネルギーを発展させようと努力している地域が増えている。ドイツやスウェーデンなどでは電力の固定買取制度を利用して早くから行われていたが，日本でも福島第一原発事故以来増えてきている。例えば飯田哲也氏は，北海道のグリーンファンドや長野県飯田市の市民発電所などを紹介している（「エネルギー進化論」。ちくま新書，2011年。pp.190 〜 204）。最近こうした著作が大変増えている。例えば井田徹治・末吉竹二郎「グリーン経済最前線」（岩波新書，2012年），熊谷徹「脱原発を決めたドイツの挑戦」（角川新書，2012年），吉田文和「グリーン・エコノミー」（中公新書，2011年），小澤祥司「エネルギーを選びなおす」（岩波新書，2013年），脇坂紀行「欧州のエネルギーシフト」（岩波新書，2012年），河野博子「里地里山エネルギー」（中公新書，2017年）などである。

注28）藤田実「AI革命の歴史的意義と資本主義的充用」（『経済』No.304，2021年１月。pp.136 〜 138）および野口義直「AIと資本主義の未来」（『経済』No.279，2018年12月。pp.36 〜 37）。

注29）フェイスブックの株式時価総額はトヨタの26倍だが，従業員数は15分の１にすぎない（中原圭介「日本の困難。2020年からの賃金，雇用，企業」。講談社現代新書，2018年。p.210）。そして，川上資人氏はプラットフォームと呼ばれる仲介サイトを通じて財を交換するギグエコノミー（ウーバーイーツの配達員など）は，労働法で保護されない無権利の労働者であるとし，アメリカやフランスでのプラットフォーム企業に対する規制の動きを紹介している（「『ギクエコノミー』がはらむ雇用の法的問題」『経済』No.276，2018年９月。p.42，pp.44 〜 49）。EUは包括的デジタルプラットフォーム規制として，2022年10月にデジタルサービス法（DSA）を，11月にデジタル市場法（DMA）を発行させ，23年から規制が始まった。厳しい規制を伴うものである（高野嘉史「動きだしたEUのデジタルプラットフォーム規制」。『経済』No.346，p.110，116）。最近では，EUは

第 2 章　労働力価値論の検討

2024年 3 月に「デジタル市場法」（DMA）を全面適用し，アメリカでも同月，アップルを反トラスト法違反で提訴するなど，IT大手への規制を強めている（宮崎日日新聞，2024年 5 月 1 日）。日本でも同年 6 月にスマートフォン向けアプリ市場の巨大IT企業による独占を規制する新法「スマホ特定ソフトウェア競争促進法」が成立した（同紙。 6 月13日）。しかし高野氏は，日本の規制は限定的と批判している。

注30）稲田修一「ビッグデータがビジネスを変える」（アスキー新書，2012年。pp.169 〜 187）。本田幸男「ロボット革命」（祥伝社新書，2014年。pp.192 〜 197）。岸宣仁「ロボットが日本を救う」（文春新書，2011年。pp.66 〜 82）。

注31）地域の雇用を確保するために医療や福祉が重要なことを指摘しているのは宮崎雅人氏である。氏は単なる催しものでは地域を活性化することはできず，雇用を確保できる産業が必要とされ，そのために医療や福祉産業を重視している（「地域衰退」。岩波新書，pp.80 〜 87，136 〜 138）。また大江正章氏は，有機農業と地場産業の連携で地域循環型経済を行っている埼玉県小川町の例を紹介している（「地域に希望あり」。岩波新書，2015年。pp.220 〜 228）。

　　地域経済に占める年金の比重の高まりにみられるように，今後，社会保障は地域経済を支える主要な支柱となることは疑いない。問題は，労働力不足のため介護危機が叫ばれていることである。この危機を解決するためには，エッセンシャル・ワーカーのところで言及したように，最低賃金の確立と，介護事業者に対する国の助成が不可欠である。彼らの労働条件を改善できるか否かが，今後の地域経済の死活問題となる。

注32）川口清史「ヨーロッパの福祉ミックスと非営利協同組織」（大月書店，1999年。pp.27 〜 28，31 〜 32，161 〜 166）。さらに神野直彦氏もスウェーデンにおける生活協同組合によって結成された学習サークル，両親協同組合による育児サービス，退職者のボランティアによる養老サービスの例などを指摘されている（「人間回復の経済学」。岩波新書，2002年。pp.148 〜 154）。また神野氏はスウェーデンにみられる「分かち合いの経済」（オムソーリ）の二つの側面として，①共同体的人間関係にもとづく社会システムと，②家族，コミュニティ，NPOなどの無償労働で支えられていることを指摘され，新自由主義は一方で共同体（家族やコモンズ）を破戒し，他方で生活保障を家族やコミュニティに負担させるという矛盾したことをしていると批判されている（「『分かち合い』の経済学」。岩波新書，2010年。pp.18 〜 24）。

注33）岸本聡子「水道，再び公営化！」（集英社新書，2020年。pp.118 〜 122，134 〜 135）。

注34）田中尚輝「ボランティアの時代―NPOが社会を変える」（岩波新書，1998年。pp. 9 〜 10，109 〜 111）。

注35）早瀬昇「『参加の力』が創る共生社会」（ミネルヴァ書房，2018年。p.225）。

注36）内橋克人氏は，新自由主義による規制緩和で多国籍企業だけが儲け，マネー資本主義化していること，非正規労働者が増え，貧富の格差が拡大していること，地域の疲弊化が進んでいることなどを批判され，大量生産・大量消費の経済から適正規模で生産することで成長する経済＝「市民社会的制御のもとにおかれた市場」＝「共生経済」への移行を主張されている。それは①新自由主義に対する「対抗経済」であること，②「競争セクター」と「共生セクター」の「多元的経済社会」の杖であること，③「共生社会の

47

担い手」であること，④FEC（フーズ，エネルギー，ケア）自給圏を目指すものである。その実践例として，デンマークや三重県久居市，岩手県葛巻町の試みなどを挙げている（「共生経済が始まる」。朝日新聞出版，2009年。pp.57 ～ 67，128 ～ 129）。氏によると，「共生社会」とは資本主義社会＝市場社会の競争原理と異なる「共同」「連帯」「参加」の社会である（「悪夢のサイクル」文芸春秋社，2006年。p.219）。これらの内橋氏の指摘は重要である。今日の食糧危機やエネルギー危機，そして労働者不足による介護危機などに対し，地域経済が果たすべき役割を強調されているからである。さらに神野直彦氏も地域再生のための地域独自の取組を紹介し，地域社会を人間生活の「場」として再生すること，そのために福祉，医療，教育というサービスが共同事業として提供されると指摘している（「地域再生の経済学」。中公新書，2002年。pp.177 ～ 179）。

第3章 貧困の拡大再生産

　まず貧困研究の意義を明らかにしておきたい。言うまでもなく，経済学が「経世済民の学」である以上，貧困問題の研究は経済学の最も重要な研究課題の一つである。しかも現代，貧困と格差拡大が重大な社会問題となっており，貧困に苦しんでいる人が発展途上国のみならず，多くの先進国でも急増している。中間層の没落といわれる現象である。したがってその解明が極めて重要になっている。しかし貧困問題に関する現状分析はたくさんあるが，その理論的解明は不十分と言わざるをえない。理論的分析が不十分だと，貧困問題の理性的認識が得られないのである。この章では，第二章で述べた労働力価値論をもとに，現代の貧困を理論的かつ実証的に解明することとする。最初に多くの研究者が指摘している現代の貧困の現状について簡単に要約しておきたい。

㈠　現代の貧困の状況とその特徴

⒜　相対的貧困率は1985年約12％から，2010年約16％に上昇。先進国では6位。若者（18歳～25歳）の相対的貧困率は約2割。母子世帯の貧困率は2006年54.3％。

⒝　平均世帯所得は1994年の664万円から2013年529万円に低下。厚労省「平成25年国民生活基礎調査」によると，中位の世帯所得は1995年550万円，2005年458万円，2012年432万円となっている。

⒞　賃金の低下。男性の賃金は低下し続けた。1997年～2017年で，結婚・子育て期の男性の賃金はまだ20年前の水準に達しない。30代男性の賃金は，1997年，その分布の山は320万円～359万円，2007年には260万円～279万円になっている。

⒟　非正規労働者の増加。1997年～2007年の間に，男性は228万人，女性は

49

354万人増加。正規はそれぞれ237万人，133万人減少。労働者数に占める非正規労働者は1990年約20％，2015年約40％。「国民生活基礎調査」によると，2016年には，男性は22％，女性は58％が非正規。若年層に多いが，最近は高齢者の増加。

(e) 子どもの貧困。2000年の子どもの貧困率は14.3％。再分配前は12.9％。したがって再分配後により一層貧困となっている。2010年には，わが国子どもの貧困率はOECD加盟国中で10番目に高い。その結果，就学援助児童，保護受給世帯に属する子どもの増加，給食費未納の子どもの増加などが指摘されている。

(f) 若者の貧困（ワーキングプア）。2012年には，年収200万円未満のワーキングプアは1,032万人で，5人に1人となる。

(g) 女性の貧困。非正規女性では年収200万円未満は1987年の134.9万人，1997年220万人，2012年289万人となっている。非正規の若年女性の8割が「困窮」状態にある。20〜64歳までの「勤労世代」では，一人暮らし女性の32.1％，3人に1人が「貧困」状態に。その中で女性の2極化が進んでいる。女性「総合職」と「一般職の非正規化」の動きである。

(h) 母子家庭の貧困。2011年，母子家庭約123.8万世帯，父子世帯約22.3万世帯。OECDによると，2010年におけるわが国の一人親家庭の貧困率はOECD加盟国中で一番高い。母子家庭の就業率は80.6％。雇用者のうち非正規は57％，平均年間就労収入は181万円（平成23年度「全国母子世帯調査」）。約10万9,000世帯の母子家庭が生活保護受給。「生活が苦しい」との回答が82％。

(i) 老人の貧困。2009年度末，日本の高齢者世帯は962万世帯（全世帯の20％）。高齢者全体では年収250万円未満が50.8％。一人当たり生活保護支給額の全国平均年収170万円未満の貧困層は32.5％（「女性単独世帯」に集中，59.8％を占める。「男性単独世帯」も35.3％）。男女計でも単独世帯の246万世帯が保護基準以下の生活をしている。日本の65歳以上人口約3,400万人のうち貧困老人は1,000万人を超える。貯蓄の無い高齢者も増加している。

以上，貧困の現状について概観してきたが（注1）（注2），その現代的特徴を要約しておきたい。

第一に，貧困の世代間連鎖である。保護世帯の連鎖（親が保護世帯だと子供

も保護世帯に陥りやすいこと）。その背景に貧困と進学率（子どもの低学歴と非正規化），貧困と虐待，貧困とDV，離婚とうつ病などのストレス，貧困と非行や疎外感などの相関関係がある。そのため一度貧困に陥るとそこから容易に抜け出せなくなっている（「貧困の固定化」）。現代貧困の固定化が進んでいるのは，吉川徹氏が指摘されているように，学歴によって職業や収入が大きく規定されること，そして貧困家庭の子どもはどうしても学歴が低くならざるをえない状況に置かれているためである。

　第二に，関係の貧困という問題である（単身者の急増と社会的孤立，社会的排除，無縁社会，孤独死など）。その背景に，家族の解体，同居率の激減，単身者の増加，未婚率上昇，地縁・社縁（終身雇用と年功賃金制）の弱体化がある。そして社会的排除である。現代の貧困は「経済の貧困」と「関係の貧困」が重なり合っている。近年ヨーロッパ諸国では貧困概念を広くとらえる（「社会的排除」として）。最近，社会的排除の風潮が強くなっている背景には，新自由主義的自己責任＝生活自助原則の強調がある。

　第三に，生活基盤の弱体化＝日本型生活保障システムの弱体化がある。日本型生活保障の特徴は，企業と家族（妻の無償労働）に依存した社会保障（男性稼ぎ主の雇用と安定した家族）ということである。その結果，社会保障への支出は少なくて済んだ。社会保障の給付が少なかったかわりに雇用の保障（終身雇用制）が行われた（しかしそれは大企業に限られていたが）。妻子の生活費はこの賃金でまかなわれ，妻子への社会保障支出は少なく，日本の社会保障は高齢者を中心にして支給された。しかし日本的雇用慣行は1990年代半ばから崩壊していき，非正規労働者が急増していく。その結果彼らは社会保障から排除され，ワーキングプアに転落していったのである。終身雇用の弱体化と年金や医療などの社会保障削減で高齢者も貧困に陥っている。

　第四に，貧困が見えにくくなっているということである。現代の貧困は相対的貧困であり，社会の平均的生活水準と比べると貧困な状態にあるということである。現代では，所得格差の拡大にもかかわらず生活水準の一定の標準化が進み，貧困世帯もある程度耐久消費財などを持たざるをえなくなっている（社会的強制支出ともいわれる）。したがって貧困でないと思われがちである。発展途上国的な食べられない，住居もない，衣服もないといった絶対的な貧困では

ない。このことが現代の貧困を見えにくくしているのである（ただし一部の子どもたち，高齢者，ワーキングプア，母子家庭などに絶対的貧困が広がっている。このことは参考文献に取り上げた多くの著書で詳しく述べられている）。貧困が見えにくくなっているといっても，絶対的貧困が無くなっているのではないことに注意すべきである。重要なことはこの「絶対的貧困」＝「古典的貧困」と「相対的貧困」＝「新しい貧困」が相互に作用しあって貧困を拡大再生産しているということである。拙著ではこの問題を解明したい。

第五に，転落しやすい「滑り台社会」（湯浅誠氏）になっているということである。そこは正社員も転落する社会，誰でも転落する可能性がある社会である。企業，家庭，社会保障という「溜め」が縮小したためである。現代重要な問題となっている「中間層の没落」ということもこれと関係している。なお労働者上層は社会全体では中間階層に属すると考えられる。したがって「中間層の没落」という場合，労働者上層の中の下層部分も没落しやすくなっていることを意味する。このことに留意する必要がある。

㈡　貧困再生産の理論的研究

以上に述べた現代の貧困の現状を前提に，貧困問題の理論的分析をすることとする。労働者状態を絶対的にも相対的にも悪化させようとするいわゆる貧困化法則は，資本主義が資本主義である以上貫徹するであろう。しかし生産力の発展や労働者階級の闘争，そして社会保障の発展などによって，その現象形態は変化することは言うまでもない。現代の貧困の特徴は，上述したように①貧困の連鎖と固定化，②社会的孤立と排除，③生活基盤の弱体化，④貧困が見えにくくなっていること，⑤転落しやすい「滑り台社会」になっていることである。大量生産・大量消費（本当は大量消費というよりも無駄な消費の強制といった方が適切だろうが，一応大量消費としておく）によって，一見すると生活が豊かになったように見える（つまり貧困が見えにくいということ）が，実際は家族の弱体化，地域の崩壊，社縁の崩壊などで，生活基盤が弱体化し，労働者上層の中でも貧困に転落する人々が増えている。そしていったん貧困に転落するとそこから抜けられない状況となり，社会的孤立状態に陥っているのである。なぜ

第3章　貧困の拡大再生産

こういうことになったのか，それについて考えよう。

　生活保護世帯と同等ないしそれ以下の生活水準を「古典的貧困」あるいは「絶対的貧困」とし，一見すると生活水準が高まっているように見えるが，社会的平均的な生活水準より低い貧困を「新しい貧困」あるいは「相対的貧困」と定義する（注3）と，現代は「新しい貧困」と「古典的貧困」が相互に影響し合い，貧困を拡大再生産していることを把握することが重要である。結論的に言うと，大量生産・大量消費によって，必要生活費と賃金の乖離が拡大し，出生率低下や少子高齢化が進み，家族が弱体化，孤立化していること（関係の貧困），そのため現代のように社会保障制度が削減されるならば，非正規化や失業，低賃金，疾病，高齢，離婚などで「古典的貧困」に転落しやすくなる（滑り台社会）。「古典的貧困」が増えると，他の一般労働者の労働条件が引き下げられ，貧困層が増えざるをえない（現に「失われた30年」の間，日本の実質賃金は低下し続けてきた）。そして何らかの理由で古典的貧困に陥ると，必要生活費の上昇のため教育費が得られず，低学歴になり，貧困の世代間連鎖とその固定化をもたらす。他方，現代の生活は一定の生活水準と生活費が不可欠である（耐久消費財や交通通信費，教育費などの社会的固定費＝社会的強制支出が増えるため）。しかし賃金が増えない。したがって今までは貧困状態にないとみられていた世帯にも，実質的保護水準と同等またはそれ以下の世帯が増加し，貧困層が拡大している（一見すると貧困とは見えない貧困世帯の増加＝「見えない貧困の増大」）。その結果，多くの人々が社会保障への依存を強め（普遍的福祉の必要性の高まり），社会保障の不足という新しい貧困を拡大する。このように「古典的貧困」と「新しい貧困」が相互に規定しあい，貧困を拡大再生産しているのである。それについて具体的に考えよう。

　東大社研の実証的研究（氏原正二郎・江口英一「都市における貧困の分布と形成に関する一資料」㈠。東大『社会科学研究』8巻1号）によると，①上位の社会階層ほどその階層内の上下差が大きく，その形は細長い菱形を示す。②上位や中位の階層にも貧困層が存在すること，長い菱形をしている上位の社会階層は没落までの抵抗力が強いこと，③没落への抵抗手段としては，家族の有業化と家族数の縮小があること，④社会保障制度が無ければ，あるいは十分に機能しなければ階層的没落をする人々が増えること，などが明らかにされている。こ

の東大社研の研究は現代ますます重要になっている。その理由は，①新自由主義のもとで非正規化と賃金引下げが行われ，社会保障が削減されるもとで，家族数の減少と共稼ぎが増え，現代の貧困の特徴の一つである生活基盤の弱体化が進んでいること，②労働者上層にも貧困が存し，その転落や没落を指摘していることである。そして現代の貧困の特徴である「滑り台社会」と言われる状況を指摘していることである。この東大社研の研究を参考に現代の労働者状態を考えると，図3のようになるであろう。

図3　労働者諸階層の形状の変化(1)

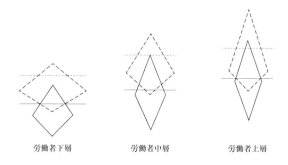

労働者下層　　　　労働者中層　　　　労働者上層

労働者下層は不熟練労働者とし，労働者中層は標準的労働者とし，労働者上層は特権的労働者とする（注4）。そして実線の形状は30年前とし，点線の形状を現代とする（「失われた30年」の比較のため）（図の横線は，それぞれの階層の必要生活費を示す）。現代では熟練の分解や中間管理職のリストラにみられるように，労働者の中・上層にまで不安定労働者が増加しており，その結果，「一億総中流社会」と言われていた社会は分解し，中産階級が没落しつつある。そしてアンダークラスという新たな下層階級が生まれてきている（注5）。今後AIの発展で，格差が一層拡大することが懸念されている。一部の高度IT技術者は高賃金を得る反面，多くの労働者は単純労働者になり下層に転落すると言われている（注6）。

こうした現象の結果，現代は30年前に比べ，①各階層の形状が下膨れ化していること（すなわち各階層内での下層部分が肥大化していること），②各階層とも

第3章　貧困の拡大再生産

家族規模の縮小によって階層的没落に対する抵抗力が弱まり，よりひしゃげた形になっていること，③生活必需品の価格に比べ賃金が下落することによって，各階層の必要生活費を下回る労働者が増加していること，④労働者下層の必要生活費を労働力価値の下限（後述する実質的生活保護水準に相当する）とすると，この下限以下の労働者が全階層にわたって増加していること（図3の労働者下層の必要生活費の線を労働者上層まで伸ばすと，それ以下となる労働者中層や上層の割合が30年前に比べると現代は増加している）が指摘しうるだろう。これらのことは，各階層内における貧困層が肥大化（生活水準は上昇しているように見えるが，それぞれの階層内での必要生活費以下の世帯が増えていることを意味する）し，階層的没落に対する抵抗力が弱まるということである。すなわち生活基盤の弱体化・不安定化ということである。前述したように，これは現代の貧困の一つの特徴である。

　「古典的貧困」と「新しい貧困」の相互規定的貧困再生産の関係は次のように考えられるだろう。現代非正規労働者が急増し，低賃金労働者や失業者・半失業者が増えているが，こうした「古典的貧困」の拡大は，①必要生活費の上昇に対応できず，家族規模の縮小，単身世帯や未婚者の増加をもたらし，生活の不安定化と社会保障への依存を強め，②さらに年金や医療保険にみられるように社会保険料の未納者・滞納者が増えて，社会保障の危機と削減を引き起こしている。これらは「新しい貧困」を再生産するものである。次に必要生活費と賃金の格差の拡大という「新しい貧困」は，①各階層の没落への抵抗力を弱め，②社会保障の削減もやはり没落への抵抗力を弱める。そうした中で不況によってリストラ，非正規労働者化が進めば，容易に「古典的貧困」に転落する可能性が高まる。このことは，最近生活保護受給者が急増している（厚労省によると，2023年12月時点の生活保護受給世帯は過去最多の165万3,778世帯となった）ことや，前述した貧困の連鎖と固定化などから明らかである。今日の労働者は「古典的貧困」と「新しい貧困」に同時に苦しめられているのである。現代の貧困問題を考える場合，この「古典的貧困」と「新しい貧困」が相互規定的に貧困を拡大再生産するという把握が極めて重要である。

㈢　必要生活費と生活保護水準

　次に今までにみた労働者各層の形状の変化を生活保護水準との関係を考えよう。収入は増えないのに，必要生活費は社会的固定費などの増加で減らない。特に下層ほどそうなり，日常的消費支出を引き下げざるをえず(注7)，その結果，実質的生活保護水準を下回る世帯もまた増加せざるをえない。問題は，実質的生活保護水準（保護世帯の実際の生活水準）は，保護基準の水準をどの程度上回っているかということである。これについては意見が分かれている。従来1.4倍という説が有力であった。生活保護を受給すると医療扶助や住宅扶助，出産扶助，生業扶助，葬祭扶助，介護扶助などがあり，かつ租税や社会保険料が免除されるので，その実際の生活水準は保護基準の約1.4倍とみなされたのである。ただ最近は安倍政権のもとで統計の意図的操作にもとづく生計費低下を理由に生活保護基準が引き下げられた（小泉政権の時にも引き下げられた）が，現実には社会的固定費の増加のため必要生活費はそれほど下がっていないので，その倍率は高くなっていると考えられる。

　生活保護基準と実質的保護水準との間に大きな差が生じている原因は，保護基準を高くすると生活保護受給者が増えるが，それを防ぐために保護基準を低くしているのである。そうすると保護基準ではとても生活できないので，税・保険料免除や医療扶助など各種扶助制度で補わざるをえない。したがって保護基準以上の所得があって生活保護を受けられないが，実質的保護水準以下の人が大量に発生する。それがいわゆるボーダーライン層であり，日本の保護の捕捉率の低さの背景となっている。日本の生活保護の捕捉率の低さはスティグマが強いということだけでなく，保護基準が低水準に決められていることにもあることに注意すべきである。

　では実際に実質的な生活保護水準以下の生活しかできない世帯数をみると，江口英一氏の推計では，東京都中野区の調査では，実質的な保護水準（生活保護基準はその6～7割）と同等ないしそれ以下の世帯は，調査世帯の26.2%にも達している(注8)。さらに唐鎌直義氏は全世帯の4分の1が生活保護水準と同等ないしそれ以下の生活と推計している(注9)。

第3章　貧困の拡大再生産

図4　労働者諸階層の形状の変化(2)

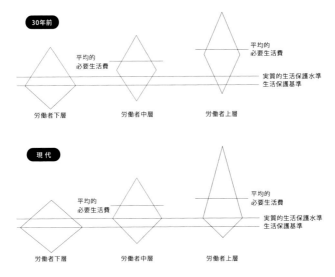

これらの見解をもとに図示すると**図4**のようになるであろう。

この図の意味するところは、①労働者中層や上層にも実質的生活保護水準以下の世帯が存在すること、それは30年前と比べ大きく増加していること（こうした現状からすれば、最低賃金額＝実質的生活保護水準≒標準世帯生活扶助額の1.5～1.6倍以上、とする必要がある。仮に1.6倍とすると、例えば令和3年の1級地－Ⅰの標準3人世帯扶助月額15.8万円×1.6倍＝約25.3万円となり、1日8時間、月20日働くとすると、最低賃金の時給は約1,500円になる。将来的にはもっと時給を高くし、労働時間を短縮する必要がある）(注10)(注11)、②各階層の平均的必要生活費以下の労働者も大きく増加していること（労働者下層の平均的必要生活費は実質的保護水準と同じとしておく。多少異なるかもしれないが、大差ないと思われる）、③労働者上層では、必要生活費以上の世帯も増えていること（彼らの中の上層部分が高い賃金を得ているため）などである。こうした特徴は、一見すると生活が豊かになったようにみえても、現実には実質的保護水準以下の世帯が増加しており、またそれぞれの階層の必要生活費以下の世帯が増えて、生活の不安定化と転落の可能性が高まっているということを意味する(注12)。そのこと

57

は先に見た中流層危機からも明らかである。この傾向はAI化によって今後ますます強まると考えられる。

㈣　貧困化法則の歴史的意義

　現代の貧困化法則の貫徹を以上のように理解すると，その歴史的意義はどこにあるだろうか。

(a)　必要生活費と賃金の格差の拡大は，一方で出生率の低下，少子高齢化による生活基盤の弱体化をもたらす。それは絶えず貧困を再生産させずにはおかない。また出生率低下は労働力の再生産を困難とし，搾取基盤そのものを弱体化させる。搾取率上昇を追求する結果，搾取基盤そのものを崩壊させるのである。剰余価値追求と労働力再生産が両立しない資本主義の危機に陥りつつある。それに対応するためAI化が進められているが，AI化によって限界費用がゼロとなり，利潤の源泉が枯渇する可能性があることは第二章でみたとおりである。そして出生率低下や人口減少，少子高齢化は諸商品に対する需要を減少させ，過剰生産恐慌や長期経済停滞の原因になるであろう。その対応として，今，ベーシックインカム論が盛んに議論されている。

(b)　現代は一見すると生活は豊かになったようにみえるが，実態は労働者の下層から上層に至るまで，その生活は不安定化し，彼らの社会保障への依存度を著しく高めている。今後少子高齢化のなかで，経済不況や財政悪化とも関連して，社会保障をめぐる矛盾が激化し，その発展かあるいは抑制かが大きな社会問題にならざるをえない。実際，新自由主義政策のもとでそうなっている。現代の慢性的過剰生産やAI化とも関連して，社会保障の危機も，普遍的福祉か選別的福祉かという議論やベーシックインカム論の主張の一つの根拠となっている (注13)。

(c)　資本主義社会は一方で生産力の発展によって，労働者階級の生活水準を「上昇」させる（この「上昇」を通じて貧困を再生産していく）。しかし他方では，失業や非正規化，賃金低下など労働者状態を悪化させようとする内的法則性が常に貫徹する。このように資本主義社会では相矛盾した複雑な過程の中で労働者の状態が規定されるのである。このことは極めて重要である。労

働者の生活水準の「上昇」によって初めて，将来の社会の担い手としての高い知性と文化的欲求を持った労働者階級が成長していくのである。労働者階級の状態が悪化するだけでは，そうした労働者階級は成長しないであろう。「貧困化の進展の中に人間発達の手がかりの形成を見出す」こと，貧困化理論と人間発達論を統一的に把握することが重要である（注14）。

(d) 上述したことは，資本主義社会の様々な矛盾を激化させ，新しい社会をもたらす一つの契機となるであろう。例えば労働力不足に対応するためのAI化は，将来商品価格がゼロに近づく「限界費用ゼロ」の社会，あるいは巨額の設備投資を必要としなくなる分散型経済システムを可能とすること，大量生産・大量消費を抑制するシェアリングエコノミーの発展など，資本主義に代わる新しい社会の可能性が議論されるようになっている。ここに現代の貧困化法則の意義があると考える。それとともに，大量生産・大量消費を否定する本当の「豊かさ」「豊かな社会」とは何かということを真剣に考える必要があるだろう。

注1）以上の要約ために参考にした主要文献は以下の通りである。

(i) 子どもの貧困に関する参考文献
　①日本弁護士会「子どもの貧困レポート」（明石書店，2011年）。
　②子どもの貧困白書編集委員会編「子どもの貧困白書」（明石書店，2009年）。
　③浅井春夫・松本伊智朗・湯澤直美「子どもの貧困」（明石書店，2008年）。
　④大阪弁護士会編「貧困がわかる①」（明石書店，2010年）。
　⑤大阪弁護士会編「貧困がわかる②」（明石書店，2011年）。
　⑥安倍彩「子どもの貧困」（岩波新書，2008年）。
　⑦安倍彩「子どもの貧困Ⅱ」（岩波新書，2014年）。
　⑧山野良一「子どもの最貧国・日本」（光文社新書，2008年）。
　⑨山野良一「子どもに貧困を押しつける国・日本」（光文社新書，2014年）。
　⑩ＮＨＫスペシャル取材班「ルポ消えた子どもたち」（NHK出版，2015年）。
　⑪ＮＨＫ取材班「高校生ワーキングプア。見えない貧困の真実」（新潮社，2018年）。
　⑫保坂渉・池谷孝司「ルポ子どもの貧困連鎖」（光文社，2012年）。
　⑬池上彰編「日本の大問題。子どもの貧困」（ちくま新書，2015年）。
　⑭朝日新聞取材班「子どもの貧困」（朝日新聞出版，2016年）。
　⑮毎日新聞生活家庭部編「子どもが危ない。どう救う」（エール出版社，2001年）。
　⑯読売新聞社会部「貧困子供のSOS」（中央公論新社，2016年）。
　⑰吉川徹「日本の分断。切り離される非大卒若者たち」（光文社新書，2018年）。
　⑱川崎二三彦「児童虐待」（岩波新書，2006年）。

⑲毎日新聞児童虐待取材班「殺さないで。児童虐待という犯罪」（中央法規出版，2002年）。

⑳信濃毎日新聞社「漂流家族。子育て虐待の深層」（河出書房新社，2000年）。

㉑杉山春「ルポ虐待。大阪二児置き去り死事件」（ちくま新書，2013年）。

(ⅱ) ワーキングプアに関する参考文献

①山田昌弘「ワーキングプアの時代」（文春新書，2009年）。

②NHKスペシャル取材班「ワーキングプア。日本を蝕む病」（株式会社ポプラ社，2007年）。

③NHKスペシャル取材班「ワーキングプア。解決への道」（株式会社ポプラ社，2008年）。

④NHKクローズアップ現代取材班「助けてと言えない。いま30代になにが」（文芸春秋社，2010年）。

⑤門倉貴史「ワーキングプアは自己責任か」（大和書房，2008年）。

⑥水島宏明「ネットカフェ難民と貧国ニッポン」（日本テレビ放送網株式会社，2007年）。

⑦小林美希「ルポ中年フリーター」（NHK出版，2018年）。

⑧小林美希「ルポ"正社員"の若者たち」（岩波書店，2008年）

⑨松永健一「フリーター漂流」（旬報社，2006年）。

⑩飯島裕子・ビッグイシュー基金「ルポ若者ホームレス」（ちくま新書，2011年）。

⑪NHKスペシャル取材班「ミッシングワーカーの衝撃。働くことを諦めた100万人の中高年」（NHK出版新書，2020年）。

⑫橋本健二「アンダークラス。新たな下層階級の出現」（ちくま新書，2018年）。

(ⅲ) 女性・母子家庭の貧困に関する参考文献

①赤石千衣子「ひとり親世帯」（岩波新書，2014年）。

②水無田気流「シングルマザーの貧困」（幻冬舎新書，2014年）。

③飯島裕子「ルポ貧困女子」（岩波新書，2016年）。

④萩原久美子「迷走する両立支援」（太郎二郎社エディタス，2006年）。

⑤中野摩美・森ます美・木下武男「労働ビッグバンと女の仕事・賃金」（青木書店，1998年）。

⑥NHK「女性の貧困」取材班「女性たちの貧困」（幻冬舎，2014年）。

⑦本田良一「ルポ生活保護」（中公新書，2010年）。

⑧本田一成「主婦パート。最大の非正規雇用」（集英社新書，2010年）。

⑨雨宮処凛「非正規・単身・アラホー女性」（光文社新書，2018年）。

⑩黒川祥子「シングルマザー，その後」（集英社新書，2021年）。

⑪渋谷龍一「『女性活躍不可能』社会ニッポン」（旬報社，2016年）。

⑫鈴木大介「最貧困女子」（幻冬舎新書，2014年）。

⑬橋本健二「女性の階級」（PHP新書，2024年）。

(ⅳ) 高齢者の貧困に関する参考文献

①稲葉剛・青砥恭・唐鎌直義・藤田孝典・松本伊智朗・川口洋誉・杉田真衣・尾藤廣喜・森田基彦・中西新太郎「ここまで進んだ格差と貧困」（新日本出版社，2016年）。

②藤田孝典「下流老人」（朝日新聞出版，2015年）。

③藤田孝典「続・下流老人」（朝日新聞出版，2016年）。

④河合克義「老人に冷たい国・日本」（光文社新書，2015年）。

⑤河合克義「大都市の一人暮らし高齢者と社会的孤立」（法律文化社，2009年）。
　　⑥ＮＨＫ取材班編著「無縁社会。無縁死３万2000人の衝撃」（文芸春秋社，2010年）。
　　⑦ＮＨＫスペシャル取材班「老後破産。長寿という悪夢」（新潮文庫，平成30年）。
　　⑧ＮＨＫスペシャル取材班「母親に死んで欲しい」（新潮社，2017年）。
　　⑨毎日新聞大阪社会部取材班「介護殺人」（新潮社，2017年）。
　　⑩毎日新聞『長寿社会』取材班「介護地獄」（講談社，2000年）。
　　⑪朝日新聞取材班「日本で老いて死ぬということ」（朝日新聞出版，2016年）。
　　⑫小林篤子「高齢者虐待」（中公新書，2004年）。
　　⑬唐鎌直義「脱貧困の社会保障」（旬報社，2012年）。

(ⅴ)　その他の参考文献
　　①宇都宮健児・湯浅誠編「反貧困の学校」（明石書店，2008年）。
　　②堤未果・湯浅誠「正社員が没落する」（角川書店，2009年）。
　　③阿部彩「弱者に居場所が無い社会」（講談社現代新書，2011年）。
　　④藤森克彦「単身者急増社会の衝撃」（日本経済新聞出版社，2010年）。
　　⑤菅野久美子「家族遺棄社会」（角川新書，2020年）。
　　⑥岩田正美「現代の貧困」（ちくま新書，2007年）。

注２）岩田氏は重要な指摘をしているので，簡単に要約しておきたい。
　　①貧困基準の変化。19世紀末，ラウントリーは必要カロリー摂取基準を使った最低生活
　　　費の算定（「絶対的貧困基準」）。しかしピーター・タウンゼントはそれを批判し，社会
　　　のメンバーとして生きるための費用を基準とし（「相対的貧困基準」），そこからの脱落
　　　を社会的剥奪とすることを提案（1980年代「貧困の再発見」）（岩田「現代の貧困」，
　　　pp38 ～ 44）。
　　②貧困世帯の割合。1990年前後，生活保護基準以下の世帯割合は捕捉率を考慮すると世
　　　帯総数の約８％であること（実際の生活保護受給世帯はもっと少ない）（pp.70 ～ 73）。
　　③若い女性の35％が貧困を経験していること，その貧困の固定化が進んでいること，本
　　　人の学歴と貧困の関連が明瞭であること，配偶者のいない女性の貧困固定化が多いこ
　　　と（pp.78 ～ 93）。
　　④ホームレスの社会的排除として，1980年代，二極化社会への進行の中で，救済から排
　　　除されている貧困がヨーロッパ諸国でクローズアップされる（pp.99 ～ 107）。日本で
　　　もバブル崩壊後，特に1998年以降急増していること，ホームレスの特徴は50代～ 60代
　　　が多いこと，低学歴，未婚率が高いことが特徴であること（pp.122 ～ 124）。
　　⑤貧困の原因として，低学歴，未婚や離婚，離職と転職などを挙げ，貧困への抵抗力と
　　　して資産や支えてくれる家族があること，したがってそれらがない単身者は不利であ
　　　ること（pp.141 ～ 158）。
　　⑥福祉国家が貧困対策に乗り出す大きな理由の一つは，単に貧困者のためだけでなく，
　　　社会統合や連帯を確保するためであることを指摘（207 ～ 208ページ）。現代の新自由
　　　主義で社会連帯の原理が弱体化しているもとでは，この指摘は重要である。

注３）「古典的貧困」＝「絶対的貧困」と「新しい貧困」＝「相対的貧困」について定義し
　　ておきたい。「古典的貧困」の定義は，「生活保護世帯か，あるいは不安定就労とそれに
　　よって生じる低賃金・低生活水準のため，ある原因が加わると極めて短期間に被保護世
　　帯と同等，あるいはそれ以下に転落する状態」と規定する。「古典的貧困」といっても

途上国的貧困とは異なることは注意すべきである。途上国的貧困と「古典的貧困」を同一視すると，日本には貧困はないという主張になりかねない。それこそ貧困が見えなくなる。日本の生活保護行政は「途上国的貧困観」に立っているため，生活保護を受給するのが困難になっている。ただし途上国的貧困もなお存在する。路上生活者やネットカフェ難民，給食を食べられない子ども達，病院に行けない高齢者などが増えていることは周知のことである。「新しい貧困」の定義は，「現代資本主義における生産力の上昇とそれにもとづく必要生活費と賃金の格差の拡大の結果，一見すると生活水準が上昇しているように見えるが，他方で出生数の低下，家族規模の縮小による生活基盤の弱体化・不安定化，社会保障への依存の高まりが進むこと」としておく。

注4）拙著「労働力価値論の再検討」で，不熟練労働者（単純労働者），標準的労働者（中・下層の熟練労働者や技術者，研究者など），特権的熟練労働者（上層の熟練労働者や技術者，研究者，中間管理職）に分類し，不熟練労働者は必要生活費以下の賃金しか支払われず，独占段階には標準的労働者も必要生活費以下の賃金に転落し，さらに労働者上層の中の下層部分も必要生活費以下の賃金しか支払われなくなるということを論証した。ここでは省略するので，拙著を参照していただければ幸いである。

注5）橋本健二「新・日本の階級社会」（講談社現代新書，2918年。pp. 6 ～ 7，77 ～ 78）。同「アンダークラス。新たな下層階級の出現」（pp.76 ～ 79）。その他三浦展氏や藤田孝典氏も階層的転落が増えていることを指摘している（三浦「下流社会—新たな階層集団の出現」。光文社新書，2005年。pp.21 ～ 28。および，藤田「下流老人」。朝日新聞出版，2015年。pp.77 ～ 98）。NHKスペシャル取材班によると，中間層とは，日本全体の所得分布の真ん中である中央値の前後，全体の約6割から7割にあたる層で，内閣府のデータでは，1994年から2019年の25年間に中間層の所得は505万円から374万円に大幅に減少した（「中流危機」。講談社現代新書，2023年。p. 3）。労働者上層（その中には社会の上層部に属する人々＝労働貴族もいるが）の中の中層や下層部分は社会全体では中間層に属するであろう。今この人たちが没落しつつある。中間層の没落は日本だけでなく，先進国で広くみられる現象である。それが右翼的現象（ヨーロッパのネオナチズム，アメリカのトランプ現象，日本のヘイトスピーチやヘイトクライムなど）を引きおこしていることも周知のことである。

注6）井上智洋「人工知能と経済の未来」（文春新書，2016年。pp.34 ～ 35）。氏はAIによってホワイトカラー，弁護士，大学教員などが不要となり，クリエイティブ系，マネジメント系，ホスピタリティ系は残るとしている。かなりの労働者上層が転落する可能性がある（同，pp.160 ～ 161）。また藤田実氏は，AIによって雇用削減の可能性は高いこと，ただし専門技術者は増えること，少数の高賃金層と大多数の低賃金層になる可能性があることを指摘している（前掲雑誌，p.137）。

注7）金澤誠一氏は，最近の家計構造の特徴として，①1995年を転機として実収入の低下，世帯主収入の低下と配偶者収入の一貫した増加，②家計の硬直化，すなわち社会的固定費（住宅，教育，医療，交通・通信，熱・水道など）の著増と日常的消費支出の大幅減，③社会的固定費は，低所得層ほど消費支出に占める割合が高いことなどを指摘している（『経済』No.281，2019年2月。pp.41 ～ 46，48 ～ 49）。

注8）江口英一「現代の『低所得層』」（上）（未来社，1979年。p.58）。さらに江口氏は，低

所得層は従来のように社会の「底辺」のみとは考えられず，「不安定性」はかなりの上層にまで波及していると指摘している（江口「『低所得層』の吟味」。『都市問題』第58巻2号。1967年2月。p.11）。

注9）唐鎌直義「脱貧困の社会保障」（旬報社，2012年。p.287）。

注10）中澤秀一氏は，地方でも最低月額24～26万円ぐらいの生計費が必要としている（『経済』No.313，2021年10月。p.62）。地方でも都市的生活が普及していること，自動車は地方ほど必要度が高くなっていることなどの理由で，都市と地方の生活費の格差が縮小しているためであろう。これが全国一律最低賃金1,500円（時給）の根拠である。全国一律最低賃金によって，地方の活性化と東京一極集中をある程度抑制できるであろう。

注11）駒村康平氏が指摘されているように，最低所得保障は生活保護，最低保障年金，雇用保険，失業保険，失業扶助，最低賃金，社会手当など多層構造が望ましい（駒村編「最低所得保障」。岩波書店，2010年。pp.225～226）。しかしその中心となるのは，最低生活費の研究から算定された最低賃金制度であるべきである。なぜなら資本主義制度では生活の根幹は賃金であり，それを支払うのは企業の社会的責任だからである。その上で生活保護や最低保障年金，失業保険などは最低賃金額に準じて支払われるべきである。もし最低賃金が低い状況だと，企業の社会的責任が軽視され，他の社会保障制度へ負担が転嫁される危険性がある。ベーシックインカムの問題点の一つは，この企業の社会的責任をどう考えるかがということである。

注12）後藤道夫氏は，労働者の貧困のレベルを，①生活保護による「最低限度の生活」未満の貧困，②「普通の暮らし」（保護基準の1.6倍。ただし単身者）ができない貧困の「二つのレベル」に区分し，①以下の生活者は現代約2割，②以下の世帯は1998年には27％だったのが，2007年には40％，その後はさらに増えていると指摘している（『経済』No.294，2020年3月号。「日本の労働・雇用はどこまで変わったか──後藤道夫さんに聞く」。pp.20～22）。さらに青木紀氏は，標準3人世帯の収入は扶助基準の約2倍だが，しかし保護世帯とかわらない生活水準しか維持できないと指摘している（青木紀・杉村宏編著「現代の貧困と不平等」。明石書店，2007年。p.162）。

注13）選別主義と普遍主義について。選別主義とは，社会福祉を一部の低所得層に限定して給付するものであり，スティグマを伴う傾向がある。それに対し普遍主義は国民全体に社会福祉を広く給付するというものである。北欧諸国では社会保障・福祉による再分配で分厚い中間層を育成してきた。これが普遍主義的社会保障・福祉を発展させる基礎となったのである。普遍主義を支えたのは農業協同組合などの存在があった（千葉忠夫「格差と貧困のないデンマーク」（PHP新書，2011年。pp.26～30）。しかし最近新自由主義による社会保障削減で，北欧諸国でも選別主義政策を追求し始めたといわれている。積極的労働市場政策が機能しにくくなり，長期的失業者の増加・困窮の固定化などのためである（宮本太郎「転げ落ちない社会」（勁草書房，2017年。p.18）。大島寧子氏もデンマークについて同様な指摘をしている（「不安家族，働けない転落社会を克服せよ」（日本経済評論社，2011年。pp.287～288）。スウェーデンも年金や失業手当の支給を厳格化させつつある（北岡孝義「スウェーデンはなぜ強いのか」（PHP新書，2010年。pp.162～165）。新自由主義による貧困層の拡大と中間層の没落という状況の中では，一方で普遍的社会保障・福祉の必要性が高まるとともに，他方では選別主義の傾向も強ま

らざるをいない。両者の対立が激化するであろう。

注14）小沢修司・森本壮亮「序章 いまこそ『資本論』の人間発達よみを」（基礎経済科学研
究所編「時代はさらに資本論」所収。昭和堂，2021年。pp.22 ～ 24）。

第4章 出生率低下と人口減少

㈠ 出生率低下と人口減少研究の意義

　まず出生率低下と人口減少に関する研究をする意義を述べておきたい。友寄英隆氏は人口減少の持つ社会経済的意義は，①労働力人口の減少に伴う「潜在成長率」の低下，②人口高齢化・労働力人口の減少で，生産性の低下や貯蓄率の低下による資本蓄積の低迷，③内需停滞——デフレ長期化の原因となること，④「人手不足」とくにIT関連の技術人材不足，などを指摘されている。そしてこの人口減少は長期間にわたる「人口モメンタム」であるとする (注1)。

　この友寄氏の指摘につけ加えると，労働力人口の不足はAI化を促進し，一方で失業や格差拡大の可能性を，他方で新しい社会の技術的発展をもたらす可能性もあること，人口減少などによる需要不足に対しベーシックインカム論を活発化させているのではないかということである。その意味で出生率低下と人口減少は今後の経済にとって非常に大きな意味を持つと言えるだろう。

㈡ 人口転換理論と差別出産力

　現代は途上国における「人口爆発」と，先進国における出生率低下と人口減少が同時進行しているが，ここでは主として先進国における出生率低下と人口減少について述べることとする。イギリス，フランス，ドイツなど先進資本主義国で出生率が低下し始めるのは1880年前後であり，現代もその傾向が基本的に続いている。これらの諸国では1750年頃までは多産多死の人口構造だったのが，農業革命を含む産業革命の結果，栄養状態が改善したことや医学の発達などで出生率は高い水準で推移するが，死亡率が低下していき，人口が増加していった。しかし1880年前後から出生率が急激に低下し始め，少産少死の人口構

造に転換していく。この一連の人口構造の変化を「人口転換」という（図5）。現代は出生率より死亡率が高くなっているため，人口は減少している。最近はフランスやスウェーデン，イギリスなどで出生率がいくらか反騰している（ただし人口を増加させる水準には達していない）が，これは社会保障の発展などによるのであって，筆者は資本主義における出生力低下の内的傾向性は依然続いているものと考える（注2）。

図5　イギリスの人口転換

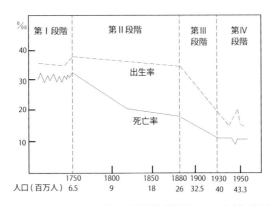

出所：河野稠果「世界の人口」（第2版,東大出版会。p.13)

　先進国で19世紀末頃から出生率が低下し始めた原因は，第2次産業革命（電信電話や石油，自動車など）と大量生産・大量消費経済への移行が始まりつつあったこと，大不況の影響や熟練の分解，不熟練労働者の増加などにより貧困者が増加したこと（そのためこの頃貧困調査が多く行われた）などがあげられる。その結果，生活水準の上昇（教育水準や耐久消費財など普及による）に比して賃金が相対的に抑制されるために出生率が低下したと筆者は考える。

　かつては先進資本主義国も生活水準が低かったために，つまり生活費があまりかからなかったために，貧困階層ほど子どもが多かった（貧困多産）**（表3）**が，現代では生活水準が上昇し，しかも所得格差に比べ生活水準が標準化しているために，例えば西ドイツでは貧困階層ほど子どもの数が減ってきており，逆に富層の出生率が高くなっている（貧困少産）**（表4）**。

第4章　出生率低下と人口減少

表3　19世紀末の欧州諸首都の出産力

(15 〜 50歳の婦人1000人当り出生児数)

	パリ	ロンドン	ベルリン	ウィーン
極　　貧	108人	147人	157人	200人
貧　　困	95	140	129	164
快　　適	72	107	114	155
極 快 適	65	107	96	153
富　　裕	53	87	63	107
極　　富	34	63	47	71

出所：岡崎文規「マルサスと人口減退」,1966年,p.93

表4　100の結婚において生まれた子どもの平均数(人)

	自営業	公務員 (職員)	事務員	労働者
600マルク以下	178	137	126	162
600 〜 700マルク	165	174	144	186
800 〜 1,199マルク	171	189	156	208
1200マルク以上	183	225	162	――

出所：アー・ヤー・ボヤルスキー編「人口学読本」(下)

(市原亮平監訳。玄文社,1977年,p.98)

　戦後日本についても同様なことが言える。筆者は「戦後日本の出生率低下と
その社会経済的要因」(「阪南論集」第14巻5号，1979年)において戦後日本の差
別出産力(職業別，収入階層別，都市農村別，教育程度別，住居形態別等)を分析
したことがある。その中の収入階層別出生児数を見る(**表5**)と，年収40万円
未満(臨時日雇層と考えられる)の出生数は比較的高く，当時なお貧困多産の傾
向が残っていたと考えられる(現在ではその傾向はみられず，非正規ほど出生数
が少なくなっている)。しかしそれ以上の収入階層では出生数は低下し，100万
円以上層になって再び増えており，特に200万以上層では多くなっている。こ
のように全体として出生力は上層に高く，下層に低いという特徴が強く現れ，
下層の出生力が強く抑制されていることがわかる(注3)。したがって19世紀末
以来の出生率低下は，主として貧困層の出生率低下によってもたらされたと考

表5　収入階層による平均出生児数(人)　(役員，常顧，臨時日雇など)

収入(千円) 妻の年齢	～39	40～59	60～79	80～99	100～119	120～139	140～159	160～179	180～199	200～	合計
24歳以下	0.8	0.6	0.6△	0.6	0.4	0.6	0.6	0.3	0.8	0.2	0.6
25～29	1.8	1.2	1.3	1.3△	1.3	1.3	1.3	1.6	0.7	1.7	1.4
30～34	2.0	2.0	1.8	1.8△	1.8	1.9	2.0	1.9	2.2	2.1	1.9
35～39	1.7	2.1	2.2	2.0	2.0△	2.1	1.9	1.8	2.1	2.2	2.1
40～44	2.1	2.3	1.9	2.2	2.2△	2.1	2.1	2.1	1.8	2.3	2.2
45～49	2.9	2.4	2.4	2.4	2.5	2.5△	2.3	2.6	2.4	2.5	2.5
合　計	1.9	1.5	1.6	1.7	2.0	2.0	1.9	2.0	2.0	2.1	1.8

「第6次調査」，p.79　　　　　　　　　　　　　人口問題研究所資料200号（昭和48年4月）

えられる。現代資本主義の基本的矛盾の一つが，貧困層の出生率の低下として現象しているわけである。

　以上の考え方からすれば，現代の発展途上国の「人口爆発」を抑制するためには，その生活水準を上昇させればよいということになる。国連によると，2022年11月，世界人口は80億人を突破した。2050年代後半には100億人台になり，70年代後半に約104億人にまで増えた後，横バイになるとの見通しである。食料危機や環境問題を考えた場合，この「人口爆発」を抑制しなければならない。途上国の「人口爆発」の原因は貧困多産である。貧困と多産の悪循環＝「マルサス的ディレンマ」といわれる現象である。生活水準（特に教育水準）の低さと児童労働が原因である（貧しいために児童が一家の稼ぎ手になる）。したがって生活水準の上昇（食事，健康，福祉，教育，住居などベーシックニーズの充実）と児童労働の禁止が必要である。今後途上国の経済と生活水準が上昇し，さらに女性の権利の拡大など民主主義が発達すると，出生率の低下は必然的である。しかし今の先進国の大量生産・大量消費・大量廃棄の経済にしてはいけない。あくまでベーシックニーズの充実を主とした経済にするべきである。

　㈢　最近の日本の出生率と人口の動向

　総務省の「住民基本台帳に基づく人口動態調査」によると，2023年１月１日

時点の外国人を含む総人口は 1 億2,541万6,877人で，前年比51万1,000人減少，日本人に限ると約80万1,000人減少している。減少率は1968年の調査開始以降の最大を更新した。また2022年の「人口動態統計」によると，「合計特殊出生率」は1.26で，2005年と並び過去最低だった。出生数は77万747人で，「人口動態調査」速報値によると，2023年上半期（1－6月）の外国人を含む出生数は，前年同期比3.6％減の37万1,052人で，過去最少を更新するペースとなっている（注4）。

　将来人口についてみると，厚生労働省の国立社会保障・人口問題研究所の最新の将来推計（2023年4月）によると，総人口は2056年に1億人を下回り，70年には8,700万人になる。高齢化のピークは2043年で3,953万人となり，70年には65歳以上人口は3,367万人（人口の約4割）となる。15～64歳は4,535万人，20年の7,509万人から大幅に落ち込む。14歳以下は20年の1,503万人から70年には797万人に減る。出生数は70年には50万人，日本人に限ると2059年には50万人を割ると推計される。ただこの推計は，合計特殊出生率が70年には1.36と推計する中位推計であるので，実際にはもっと減る可能性もある。

　次に最近の日本における出生率低下の原因について考えよう。従来から出生率低下の原因と考えられてきたのは，①結婚の延期（女性の進学率の上昇や職場進出による晩婚化，②産業構造の変化（農業から工業，第三次産業へ），③子どもに対する意識の変化（社会保障の発展で老後は子どもの世話にならない，したがって子どもを多く産まないという考え方），④教育水準の上昇，⑤都市化，住宅事情，⑥長時間労働，⑦子育てする母親の孤立化などである。①の女性の職場進出で出生率が低下するかどうかについては意見が分かれている。北欧諸国のように女性が子育てしやすい環境（職場環境を含め）が整っているところでは，むしろ彼女らの出生率が高まっているとの指摘がある。②の産業構造の変化は，第一次産業では子どもが労働力として役立つのに対し，第二次産業や第三次産業では子どもは消費するだけで負担になるため，第二次・第三次産業化に伴って出生率が低下するという考え方である。これは途上国の人口爆発を考えると妥当だろう。③の子どもに対する意識の変化ということは，社会保障の発達で老後を子どもに頼る必要が無くなり，子ども数を減らすという考え方であるが，それが妥当かどうかはなお検討する必要があろう。④教育水準による

出生率の格差は，低学歴層は出生率が高く，高学歴層は低いというものであるが，現代はその格差は縮小しているとはいえ，なお存在する。⑤都市化，住宅事情については，都市では高い生活水準や住宅難などで出生率が低く，農村は出生率が高いということである。この格差も縮小しつつあるが，なお都市の出生率は低く，農村の出生率は高い。住宅事情については，持家の出生率は高く，民営借家の出生率は低い。そのため，都市の出生率はさらに低くなる。⑥の長時間労働は，女性の長時間労働はいうまでもなく，男性が長時間労働のため，育児労働が女性に押しつけられるという問題である。⑦子育てする母親の孤立ということは，家族の縮小や隣近所との付き合いがなくなり，子育てする母親は祖母などの相談相手がいず，孤立して子育ての負担が高くなっているということである。そのため母親の育児ノイローゼや児童虐待が増えている。

　この従来からの見解に加え，貧困や非正規雇用の増加などの経済現象とともに，新たな見解も見られる（従来の見解と重なっているところもある）。特に最近の出生率低下の大きな原因と指摘されているのは非正規化と低賃金である。それについて考えよう。

　出世率低下についての最近の見解で一番まとまっているのは，前田正子氏の見解である。氏は少子化の原因として，①未婚化・晩婚化，夫婦の平均出生数の減少，②男女とも年収が高いほど，結婚する確率が高くなる，③非正規の増加（男性の賃金低下と共稼ぎの増加）による出生率の低下を指摘している（注5）。さらに同「子育てしやすい社会」（ミネルヴァ書房，2004年）では，日本の少子化の原因として，①女性の結婚コストの高まり，②男女役割分担（家事はほとんど女性），③男性の賃金低下，④男性にとっても結婚のメリットの減少，などを挙げられている。さらに有配偶出生率低下の原因として，①子どもは金がかかる（子育てコスト），②子供を少なくし，教育費を増やす，③出産・子育て不安，④子供を持つべきという考え方が若い夫婦ほど低くなっている，などを指摘している（pp.12 ～ 14）。同様な指摘が加藤久和氏にもみられる（注6）。

　これらの研究によってわかるように，バブル崩壊後「失われた30年」の出生率の低下の原因は，一方では非正規労働者の増加による賃金低下と，他方では教育費など子育てコストが高騰して，必要生活費が増大したために両者の格差が拡大し，結婚ができず（注7）（注8），また結婚しても子どもを産めなくなっ

70

第4章　出生率低下と人口減少

ていることは明らかであろう。

注1）友寄英隆「『人口減少』社会とマルクス経済学」（新日本出版社，2023年，pp.25～
29）。友寄氏の研究は膨大な研究でありとても参考になるが，少し筆者の考えを述べさ
せていただくと，氏は第Ⅱの人口転換＝「少産少死」の局面（第Ⅱフェーズ）に入った
のは資本主義が衰退期に入ったためとされる（現代はそれがさらに進み，人口減少の時
代＝第Ⅲフェーズ）。そして第Ⅱフェーズの真の原因を低賃金，長時間労働，不安定雇
用などに求められている（p.200）が，それは正しいであろう。しかし単に低賃金という
だけでは不十分であろう。賃金が低くても生活水準がより低いと，かえって出生率が高
くなる可能性があるからである（貧困多産）。問題は，なぜ19世紀末から先進国で出生
率が低下したのかということであり，それを必要生活費と賃金の乖離の拡大から説明す
べきである。そして出生率の低下がどの社会階層の出生率低下によってもたらされたか
という差別出産力の分析が必要である。筆者は貧困層の出生率の低下によってもたらさ
れたと考える。

注2）少子化対策の「模範国」といわれたフランスでも，2023年には合計特殊出生率は1.68
と戦後最低水準に落ち込んだ（宮崎日日新聞，2024年4月23日）。

注3）河野稠果氏は，東京のように所得や教育水準が高く，家族計画の普及したところで
は，所得の水準の力自体，すなわち経済的扶養力が他の諸要因より圧倒的に強いと指摘
されている。河野稠果「出生力に及ぼす社会心理的要因」（『人口問題研究所研究資料』
No.175，1967年2月．p.4）。

注4）厚労省の「人口動態調査」速報値によると，2023年の出生数は過去最少の75万8,631人
だった。初めて80万人を割った22年から5.1％減り，少子化が一段と進んだ。婚姻数も90
年ぶりに50万組を割った（宮崎日日新聞，2024年2月28日）。そして2023年の合計特殊
出生率は1.20で過去最低を更新した（同紙，2024年6月6日）。なお韓国の合計特殊出生
率は2023年0.72となり，「超少子化」となっている（同紙，2024年2月29日）。その他，
シンガポールは0.97，台湾0.87，香港0.77となっている。これらの例は，新自由主義的資
本主義が急速に拡大すると，出生率が大きく低下することを明白に示している。

注5）前田正子「無子高齢化。出生数ゼロの恐怖」（岩波書店，2018年。pp.28～48）。

注6）加藤久和「8,000万人社会の衝撃」（祥伝社新書，2016年，pp.29～36）。

注7）経済的理由で結婚できないことを強調している研究者は多い。NHK「女性の結婚取材
班「女性たちの貧困」（幻冬舎，2014年。pp.240～241）と山田昌弘「日本の少子化対策
はなぜ失敗したのか？」（光文社新書，2020年。pp.43～45）である。山田氏は若者の格
差拡大を原因としている。小林美希氏も就職氷河期世代の未婚率の高さ（就職が思うよ
うにできず，結婚できないこと）に原因を求めている（「ルポ中年フリーター」。NHK出
版新書，pp.96～99）。そして非正規化による低収入のため結婚できなくなったことに
出生率の低下の原因を求める見解は多い。筒井淳也「仕事と家族。日本はなぜ働きづら
く，産みにくいのか」（中公新書，2015年。pp.70～71）や赤川学「これが答えだ！少子
化問題」（ちくま新書，2017年。p.61）などもそうである。津曲典子氏は，都市化，高学

71

歴化，女性の晩婚化が出生率低下につながっていると指摘。そして理想子ども数と実際の子ども数のギャップを指摘され，出産・子育て負担軽減の必要性を訴えている（津曲典子・樋口義雄編「人口減少と日本経済」（日本経済新聞出版社，2009年。pp.41 〜 42，45 〜 46）。高橋重郎氏は毎日新聞社人口問題調査会編「少子高齢化社会の未来学」（論創社，2003年）で，1990年代，バブル崩壊と平成不況の中で夫婦出生力の低下が生じたとされ，子どもを持たない理由として，「子育てにお金がかかりすぎるから」と，「子育てと仕事の両立の困難であること」を指摘されている（pp.100 〜 101）。さらに藤波匠「なぜ少子化は止められないのか」（日経プレミアシリーズ，2023年）は，最近の少子化の原因は非婚・晩婚化でなく，結婚した人の出生率が下がっていること，未婚男性の5割近くが結婚相手の経済力を重視していること（非正規化による男性の年収低下で），結婚したら子供を持つべきとする人の減少（とくに女性の減少は著しい），非正規雇用の女性は結婚・出産に後ろ向きであることを指摘され，少子化の本質的問題は「経済的負担感」から子ども数を抑制することであるとされる（72ページ）。以上で見たように，多くの論者が1990年代のバブル崩壊とその後の「失われた30年」の間に，若い人たちの非正規化と賃金低下で，結婚できなくなったこと，子どもを育てるコストの上昇，子育てと仕事の両立が困難であることを指摘している。この「失われた30年」の間に，若者の貧困化が進み，必要生活費との格差が拡大して出生率の低下につながったものといえるだろう。

注8）有配偶率について。平成24年「就業構造基本調査」では，25 〜 29歳の男性の有配偶率は正社員31.7%，非正規13.0%，30 〜 34歳は57.8%と23.3%，女性は学卒後の初職が正規だと70.9%，非正規だと26.9%となっている。内閣府の調査では，20代，30代ともに年収300万円未満は有配偶率が9％にとどまるのに対し，年収500万円以上では25 〜 40%弱と顕著に上昇する。生涯未婚率は，1970年，男性1.7%，女性3.7%，2015年はそれぞれ23.4%と14.1%となっており，2040年は25.9%と18.7%になると推計されている。

第5章 ベーシックインカム（BI）と社会保障

　最近，ベーシックインカム（BI）やベーシックサービス（BS）に関心が高まっており，議論も活発に展開されている。賛否両論があり，大変興味深く，参考になる。しかしまだ多くの重要な疑問点があり，議論をもっと深める必要がある。この章ではBIに関する議論を簡単に要約したうえで，第二章や第三章で述べた労働力価値論や貧困問題との関連で，いくつの論点について言及したい。第一はBIの進歩性とその資本主義的利用について，第二は普遍的福祉と選別的福祉について，第三は生活保護と選別福祉について，第四はBIとBSの関係について，第五は最低賃金制度とBIについて，である。

㈠　BI導入に関する議論の背景

　第一は，資本主義の深刻な行き詰まりである。利潤追求のための大量生産による過剰生産，賃金抑制などによる需要不足のため，現代資本主義は長期停滞に陥っており，それを救済するために異次元金融緩和が行われた。しかしその結果，インフレ，マネー資本主義化，頻繁なバブル発生とその崩壊が起こった。こうした資本主義の行き詰まりの対策としてBIの導入が主張されている。例えばヘリコプターマネーを財源にBIを導入するという議論である。

　第二は，第三章でみたように，現代，貧困が高齢者，母子世帯，子どもや女性，非正規労働者などに広がっている。現代の貧困の特徴は，貧困の世代間連鎖，孤立化（関係の貧困），家族の崩壊などによる生活基盤の弱体化，貧困が見えにくくなっていること，階層的転落や没落をしやすくなっているということである。その結果，一見すると貧困状態にあるとは思えない人たちも貧困に陥っているし，多くの中間層に属する人たちの没落も進んでいる。このため従来

の社会保障では十分に対応できなくなっており，BIの必要性が強調されているのである。

第三は，貧困の拡大とも関連するが，新自由主義による自己責任原則の強化である。生活保護受給者などへのバッシングと社会保障の権利性の弱体化である。こうした貧困の増大とバッシングを背景にして，普遍的福祉と選別的福祉について議論が行われている。

第四は，出生率低下による人口減少や高齢化，貧困の拡大などのために既存の社会保障制度が危機的状況に陥っていることである。特に年金や医療保険などの社会保険制度は，人口の減少と貧困層の増大で保険料を負担する人が減少するのに，逆に受給者が増加するため破綻の瀬戸際にある。

第五は，AI化の進展である。AIによる失業や低賃金労働者の増加による需要減と，それに対応するためのBI導入ということである。AIによって雇用が減るか否かについては議論が分かれているが，労働が二極分解し，多くの労働が低賃金・単純労働に置き換えられることには異論が少ないようである。その対応としてBIの導入が主張されているのである。

㈡　諸外国におけるBIの試み

これまで，世界的にみても完全ベーシックインカムが導入されたことはない。一方，フィンランド，カナダ，スペイン，アメリカなど，部分的ベーシックインカムが実験的に導入された事例は数多い。ここでは，比較的支給対象者が多かったこと，および支給期間が終わってから詳細な分析が実施されたことなどを理由として，フィンランドとカナダの実験的導入について概観する。

⑴　フィンランド

2017年１月から2018年12月までの２年間，失業手当受給者のうち無作為に抽出した25歳から58歳までの2,000名を対象として，毎月560ユーロ（約６万5,520円。当時）が支給された。BI支給期間後の調査により，①生活への満足度が高く，精神的なストレスを抱えている割合が減少し，②他者や社会組織への信頼度がより高く，自分の将来にもより高い自信を示したことなどが明らかになった(注1)。

第 5 章　ベーシックインカム（BI）と社会保障

(2)　カナダ

2017年 7 月から2019年 3 月までの 2 年間（予定は 3 年間だったが途中打ち切り），18歳から64歳の低所得層からランダムで選ばれた最大4,000名を対象として，独身世帯で年間 1 万6,989カナダドル（約134万円。当時），結婚世帯で年間 2 万4,000カナダドル（約190万円。当時）が支給された。BI支給期間後の調査により，①身体的および精神的健康，経済的状況，および社会関係などが改善され，②生活水準，自己肯定感，さらにより良い未来への希望が高まり，③大多数が基本所得を受け取りながらも働き，また，多くの人がより高収入で安定した仕事に移ったことなどが明らかになった (注2)。このようにフィンランドとカナダの例では，BIに関する評価が高いようであるが，この評価が以下に述べるBIの問題点を十分把握したうえでの評価かどうか，詳しく検討する必要があろう。

(三)　BIのメリットについて

井上智洋「AI時代の新・ベーシックインカム論」（光文社新書，2018年），波頭亮「AIとBIはいかに人類を変えるか」（幻冬舎新書，2018年），本田浩邦「長期停滞の資本主義」（大月書店，2019年），小沢修二「資本主義を超えて —— ベーシックインカムに着目して」（基礎経済科学研究所編「時代はさらに資本論」所収。昭和堂，2021年）などを要約する。

(1)　井上説 —— 生活保護との関連 (注3)。

(a)　生活保護で救済されるのは，受給資格のある人の 2 割に過ぎない（捕捉率の低さ）。BIではそれが解決できる。その他出生率向上，地方に住むことが容易になる，真の意味で人間を自由にする（人間を労働から解放する）。

(b)　BIは普遍的社会保障，生活保護は選別的社会保障。そのためBIには生活保護のようなバッシングが無い。

(c)　生活保護は労働インセンティブがほとんどないので，一度そこに入ると抜け出しにくい。BIにはそれがない。

75

(d)　生活保護は選別のために行政コストがかかる。

⑵　波頭説

　(a)　BIの特徴。無条件給付，全国民に一律給付，最低限の生活を営むに足る額の現金給付，受給期間の制限なし。
　(b)　BIの長所はシンプルであること，恣意性と裁量が入らないこと（水際作戦など），運用コストが小さいこと，働くインセンティブが失われないこと，個人の尊厳を傷つけないこと。
　(c)　景気対策として有効。企業にとっても有益。解雇の自由化（積極的労働市場政策）。
　(d)　食べるための労働ではなく，生活を豊かにし，仕事自身を楽しむ労働となる。
　(e)　財源問題。消費増税，資産課税。著者は財源と関連して，BIで年金，生活保護，雇用保険を無くする主張。
　(f)　人口減少と経済成長鈍化を解決するのがBI。

⑶　本田説

　井上氏や波頭氏との共通点が多いが，氏の独自の考えとしては，ジェンダー平等につながること，教育では，学びながら生活できる条件を保障できること，最低賃金は中小企業に打撃を与えるので，BIは中小企業に有利であること，リバタリアンは社会保障・福祉をBIで置き換えようとしているが，しかしBIは既存の社会保障の一部を代替するものであることなど(注4)である。

⑷　小沢説

　(a)　BIは福祉国家の危機に対して，資本主義の延命策としての側面があること。
　(b)　BIとBSは車の両輪であること。
　(c)　労働は生活向上のためのものへと性格を変える。BIにより「労働と人間の発達」が可能となる。

第5章　ベーシックインカム（BI）と社会保障

（四）　指摘されているBIの問題点

(a)　定義が不明確。右派も左派もともにBI論。定義が不明確なため，右派
　　も左派も自派に都合の良いようにBI論を展開。

(b)　既存の社会保障制度との関連。BIによってすべての社会保障制度を廃
　　止するのか，生活保護のみを廃止するのか，生活保護を含む所得保障制
　　度全体を廃止するのか（注5）。

(c)　その額をどの程度にするか。BIは労働インセンティブを無くさないと
　　いうが，額が多いと労働意欲が無くなる可能性がある。一定の所得が確
　　保できれば，あとは自由に暮らすという人が増加する可能性があるから
　　である。また波頭氏はBIの財源を考察する中で，BIによって年金や生活
　　保護，雇用保険を廃止するとされる（注6）が，例えば年金を夫婦で月額
　　23万円受給しているとすると，たとえBIを一人当たり月7～8万円を支
　　給されたとしても，年金が廃止されたらとても足りない。BIをどの程度
　　の額にするかは財源問題と関わって，大変重要な問題である。

(d)　その財源。ヘリコプターマネーか，それとも消費税か，富裕層への課
　　税か。ヘリコプターマネー論は，国債の大量発行による貨幣供給で資本
　　主義の長期停滞を克服するというリフレ派的な考え方である。しかしそ
　　れは実質賃金を増やさずに需要を拡大しようとするものであり，さらに
　　異次元金融緩和でインフレやバブル，大量生産と大量消費の助長，環境
　　破壊につながりかねないなど多くの問題点がある。消費税については，
　　貧困層は消費税を支払ってもBSが発展すると得をするとの考えがある
　　（注7）が，しかし日本では消費税が法人税軽減や所得税の累進税率緩和
　　のために使われたこと，今後大軍拡のもとで軍事費に使われる可能性が
　　あり，問題である。

(e)　BIで企業が賃金を減らす可能性。海老原嗣生氏は，イギリスのスピー
　　ナムランド制（1796年，イギリスで行われた貧民への賃金補助制度。その結
　　果，低賃金が是認され，地主や資本家階級の利益になった。——小川）の経
　　験から，BIの導入は低賃金化を進めると批判され，今野晴貴氏もBIによ

77

る賃金引下げの可能性を指摘している（注8）。

(f) BIは就労を軸とした社会参加を拡大していく仕掛けはない。BIより積極的労働市場政策（アクティベーション）が良いとの説。より多くの労働を刺激するためである（注9）。しかしこの点については，波頭氏はBIが労働市場の流動化に有効であると指摘している（注10）。

(g) 普遍主義は経済的効果が小さい，財源を貧困層に集中する方が効果的という阿部彩氏の説である。阿部氏の見解については後述する。高所得層は消費性向が低いのでお金を分配しても経済効果は小さいのは当然である。

(h) BIは分配問題にすぎず，社会制度そのものを変革するものでないとの説（注11）。この説も重要である。分配だけでなく，搾取に基づく生産システムそのものを問題にしなければならない。多くのBI論者はこの点を無視ないし軽視しているように思われる。

(i) 井出栄策氏はBIの問題点として，受益と負担の関係が可視化されるため，人々の対立をもたらすこと，受け取った現金をギャンブルに使う可能性があることを指摘。BSではそういうことがないこと，また必要な人しかサービスを利用しないので，BIより少ない財源ですむとして，BIよりBSがすぐれているとする（注12）。

㈤　BIに関する私見

以上，BIのメリットと問題点を要約したが，次にBIに関する私見を述べることにする。

⑴　BIの進歩性とその資本主義的利用について

周知のように，マルクスは機械そのものとその資本主義的利用を厳に区別している。BIにも同様なことが言える（AIについても同じことが言える）。筆者にはBI論者はその区別が不十分だと思われる。

(a) BIの進歩性。第二章で述べたように，必要生活費と賃金の格差の拡大によって，19世紀末頃から社会保障が発展しはじめ，人々の生活費の

一部が「労働に応じてではなく，必要に応じて」支給されるようになった。そして最近では新自由主義による貧困と格差の拡大で，この支払方式の必要性が一層高まっている。BIはその反映である。BIの進歩性とは，こうした歴史的傾向を促進するものであるということである。

(b) BIの資本主義的利用。資本主義の温存あるいは延命である。資本主義にとって低賃金の維持と高利潤の確保は死活問題である。しかしそうすると需要不足になる。そのためにBIが必要になる。つまりBIが低賃金の補完としての機能を果たすことである。BIの資本主義的利用の代表的見解は原田泰氏である。それについては後述する。

(c) BIの資本主義的利用を弱めるために必要なことは，企業にその社会的責任を果たさせることである。すなわち健康で文化的な生活に必要な最低賃金を支払わせることである。それなしにはBIは低賃金を促進する要因になる可能性がある。

(d) BIの利点として，「食べるための労働ではなく，生活を豊かにし，仕事を楽しむ労働となる」とされるが，搾取の無い社会ではそれが可能となるかもしれないが，搾取を目的とする資本主義でそうした労働が可能だろうか？　社会制度のあり方とBIは無関係ではありえない。

(e) 社会保障にも進歩的性格と低賃金基盤の温存という二つの機能がある。その進歩性とは，健康で文化的な生活をすべての国民に保障するということであり，その反動的機能は，かつての生活保護にみられたように，日雇い労働者や零細企業労働者の賃金を超えない範囲に保護基準を抑制するということである（低賃金基盤の温存）。したがってこの矛盾した対抗関係のなかで，人々は社会保障の民主的発展のために不断の闘いを行ってきた。BIについても，その民主的発展のためには国民各層の不断の闘いが必要ではないだろうか。BI支持者の見解にはこの点がほとんど見られないが，それは問題であろう。野口義直氏が指摘されているように，人々がBIを与えられたものとしてではなく，勝ち取らなければならない。さらにつけ加えると，社会保障研究者でBIに言及している人は少ないように思える。もっと発言すべきであろう。

(2) 普遍的福祉と選別的福祉について

(a) 新自由主義による貧困の拡大と自己責任原則の強調のため，普遍主義か選別主義かの議論が生じている。普遍主義というのは，広く国民全体に社会保障・福祉を適用していこうという考えかたであり，選別主義とは，貧困層に集中的に適用していこうという考え方である。北欧諸国では分厚い中間層を背景に普遍主義が発達してきたが，その北欧諸国でも最近は選別主義の傾向が強まっている。

(b) ILOも最近普遍的制度の重要性を主張している。新自由主義による経済のグローバル化と金融危機で格差と貧困が広がり，ILOは社会保障から社会保護へと理念を発展させている。それによると，通常の社会扶助方式は資産調査による選別性が高く，スティグマ（恥の烙印）を与えるとして否定的である。そして「税金」による最低所得保障制度の導入を主張する。「社会保護」の概念は，これまでの社会保険を中心とした社会保障概念よりも拡大している。選別性の無い普遍的な制度こそが，金融危機以降の社会的弱者への対処に求められているとする。その中での高齢期の所得保障システムこそが最低保障年金である (注13)。このILOの主張は，新自由主義のもとでの貧困層の増加のため社会保険料を支払えない人が増えて，社会保険が行き詰ったことが背景にある。

(c) 普遍主義とは何か。普遍主義の再検討が必要である。BIのように富裕層を含めたすべての国民に一定額のお金を一律に支給することが普遍主義なのだろうか，あるいは一定の所得以下の人々には誰にでもミーンズテスト（資産調査）なしに，権利として生活保障をすることを普遍主義というのだろうか。検討する必要がある。現代主張されている普遍主義には二つの考え方あるように思われる。一つは，選別主義だとそれを支える中間層の支持が得られないので，普遍主義でなければならないという宮本太郎氏の考え方である。もう一つは，ILOのいう普遍主義である。それは一方で資産調査を伴う選別主義を否定しながら，他方では新自由主義による貧困の拡大で保険料を支払えない人が増え，社会保障から排除されているため，社会保険方式から税方式に転換することによって，

彼らを救済しようというものである。この場合の普遍主義は，資産調査を伴わない形での貧困層の救済の側面が強い。このように同じ普遍主義という言葉を使っていても内容が異なることに注意すべきである。

　宮本太郎氏の見解については前述した（第二章）が，その要点は，選別主義だと支える側（特に中間層）の理解が得られないということである。この宮本氏の見解は，新自由主義で没落する中間層の意識を反映していると考えられる。次に阿部彩氏の見解を要約しておく。氏は，一方で選別主義の問題点（スティグマなど）を指摘しながら，他方で普遍主義を評価しながらも，その問題点として，財政的負担の大きさ，ばらまき，逆進性の問題（消費税など）を指摘。その上で最近スウェーデンなどはこの考え方（普遍主義）に否定的になっているとし，貧困削減に有効かどうかは，再分配のパイの大きさであって，普遍主義か選別主義かの違いではないとされる。そして現物給付（医療など）はより普遍的制度に，現金給付はより選別的制度とし，貧困層への所得再分配を高めることを主張されている（注14）。

(3)　生活保護と選別的福祉について

　現行の生活保護がスティグマを伴うというのは正しい指摘である。しかしそれが選別主義的であるからか，それとも社会保障の権利性が確立していないためなのかは検討する必要がある（注15）。日本の社会保障は戦前から今日まで権利性が弱く，慈恵的性格が強かった。そのため生活保護受給者はひどい差別を受け，それと闘ってきた（注16）。そのうえ1980年代以降の新自由主義の影響で，社会保障の権利性が一層弱体化した。こうした要因が重なったことが生活保護にスティグマが伴うようになった一つの原因であろう。選別主義がスティグマを伴うような社会的背景（助け合い＝国民連帯の理念が弱まり，自己責任主義が強まった社会）を問題とすべきでないだろうか。貧しい人たちをバッシングする社会こそ問われるべきである。こうした社会を前提にBIを主張するのではなく，その社会のあり方を改めることこそ重要である。

　最近生活保護について，新しい提案が行われている。日弁連の生活保護法改正案である（注17），その内容は，①生活保護法を「生活保障法」に改め，権利

性を明確にする，②生活保護費の100％を国が負担する，③保護基準決定の民主的コントロールをおこなう，などの提案である。生活保護の権利性を強め，スティグマを無くしようという考え方である。この考え方が社会的に支持されるためには，一方で新自由主義的自己責任原則を批判するとともに，他方で阿部氏の言われるように，現物給付分野はより普遍主義的にし，中間層の支持がえられるようにする必要がある。そして生活保護については実質的に資産調査を無くする必要がある (注18)。

(4) BIとBSについて

井出氏はBIよりBSの充実を提唱しているが，その通りである。神野氏は，社会保障の再分配方式には，①貧困者に限定して現金を給付する「垂直的再分配」と，福祉や医療サービスを所得の多寡にかかわりなく提供するユニバーサル給付＝「水平的再分配」があるとされ，北欧諸国にように，水平的再分配つまりサービス給付が「分かち合い」で広範に実施されていれば，垂直的再分配は少なくてすむと主張している (注19)。この神野氏の指摘から分かることは，貧困者に対する「垂直的再分配」のみならず，BIが効果的に機能するためにもBSの発展が不可欠だということである。その意味で小沢氏の「BIとBSは車の両輪である」という見解 (注20) は正しいであろう。実際にBSが整備されていなければBIではどうにもならない例をあげよう。一つは我が国の高額療養費支給制度である。この制度では病気治療のために月100万円の高額医療費がかかっても，貧困者（非課税世帯，70歳未満）は月３万5,000円程度自己負担すれば，あとは医療保険から支給される。これが廃止されると，月７万〜８万円をBIで貰ってもとても足りない。もう一つの例をあげよう。アメリカでは老人や障害のある人，貧困者以外は公的医療保険制度が無い。そのため保険料が高い民間保険に入れず，病気になるとたちまち貧困層に転落する。この問題については堤未果氏の大変詳しい分析がある (注21)。医療など公的サービスがないと，BIがあっても効果が無いことは明らかである。

(5) 最低賃金とBIについて

駒村氏が指摘しているように，最低所得保障制度は多層構造が望ましい。筆

者はその中でも最低賃金が一番重要であると考える（注22）。しかしBI論者はほとんど賃金制度について言及していないように思われる（注23）。先にBIの進歩性とその資本主義的利用の二つの側面があること，後者の側面を弱めるためには，最低賃金を引き上げる必要があることを指摘した。日本では都市部においては最低賃金が生活保護基準より低いし，さらに国民年金（夫婦受給の場合）より低くなっているが，筆者はここに日本の社会保障制度が劣悪な根本的理由（社会保障は最低賃金によって大きく規制される）があり，BIよりも最低賃金の引き上げが緊急課題であると考える。特に，日本の最低賃金は先進国で最低といわれているので，なおさらである。

　そこで次に最低賃金とBIについて考えよう。第三章でみたように，健康で文化的な生活をおくるためには，最低賃金＝時給1,500円，月額25.3万円が必要である。この最低賃金額は実質的生活保護水準（第三章で述べた実質的保護水準であり，生活保護基準ではない）と一致し，事実上国民的最低生活保障水準（ナショナルミニマム）となる。そしてそれを基準にして，最低保障年金，失業保険給付金，生活保護水準などの額を決定し，税金で，ミーンズテストなしに支給する（この国民的最低保障水準以下の所得の人には資産調査をせず，その水準を保障する。そしてスティグマや保護の捕捉率を著しく低下させている一つの原因となっている「保護の補足性の原理」も廃止する）ことが重要である（注24）。そしてそれを農家や地場の自営業者にも拡大することも必要である。そうすることによって，一方で企業に社会的責任を果たさせ，他方で社会保障分野にBIの進歩性の側面を拡大していくことができるのである。財政的にみても，最低賃金を引き上げると生活保護受給者を減らせるし，最低保障年金を充実させることによっても高齢者の保護受給者を減らせるので，有益である。原田氏が言われるような，一方で貧困層への給付を削減し，他方で富裕層や中間層の中の比較的裕福な層にまで不必要な給付をするBIよりも合理的だろう。

　第二章で説明したように，必要生活費と賃金の格差の拡大から「労働に応じてではなく，必要に応じて」支払われる部分が増大するのは，資本主義の発展に伴う必然的なものである。その意味でBIは歴史的進歩性を持っている。しかし他方でそれは資本主義を延命させる側面も持っており，私たちはその二側面を厳に区別しなければならない。そして前者を促進し，後者を抑制するよう

努力する必要がある。

　具体的に言うと，①BSを発展させ，医療・介護・教育などの現物サービスを無料または極めて安価で提供すること，これらのサービス費用は中間層にも大きな負担となるので，そうすると中間層の支持が得られやすいためである。そしてBSを発展させると，神野氏が指摘されているように，貧困層に対する「垂直的再分配」を減らせるからである。②最低賃金を引き上げ，それが保障する生活水準を他の所得保障制度（年金，公的扶助，雇用保険，社会手当など）にも保障することである（注25）。生活保護については，その保護水準が最低賃金水準と密接に関連している。したがって最低賃金の引き上げは，生活保護に関してはとりわけ重要であり，最低保障年金や雇用保険給付金などを充実させるためにも不可欠である。そうすることによって生活保護への滞留を減らすことができる。駒村氏は最低保障年金によって，スウェーデンでは生活保護を受給する高齢者が非常に少なくなっていると指摘されている（注26）。③この最低賃金が保障する生活水準を次第に高めていくとともに，適用範囲を拡大していくことである（注27）。これらの諸点を発展させていけば，将来生産手段が社会的に所有され，賃労働制度がなくなった時には，BIの「労働に応じてではなく，必要に応じて」という理念が全面的に開花するであろう。

【要約】

(1)　最低生活費の研究にもとづく最低賃金制度を確立すること。

　(a)　賃金は資本主義社会における人々の生活の基礎であるからである。

　(b)　最低賃金の確立によって，企業の社会的責任を果たさせることができる。そして指摘されているBIの欠点（低賃金の温存）を克服できる。

　(c)　最低賃金制度を基礎にして，最低保障年金，失業保険，生活保護その他の所得保障制度を発展させる。それらは必要に応じて支払われる。

　(d)　最低賃金と各種所得保障制度およびBSの充実で，生活保護受給者を減らせるし，そこでの滞留も減らせる。

(2)　BSの充実が必要である。それによって人々の生活基盤を安定化させ，かつ貧困層に対する「垂直的再分配」を減らせるし，生活保護受給者も減

第5章　ベーシックインカム（BI）と社会保障

らせる。

(3)　財源については，多くの先進諸国にみられるように，女性の就労を促進
し，労働者家庭の租税負担力を高めることである。

(a)　女性の就労は，必要生活費と賃金の格差の拡大のもとでは不可避であ
る。

(b)　女性の社会経済的地位の向上のためにも必要である。

(c)　そのためには，最低賃金制度と男女同一労働・同一賃金制度の確立が
必要である。そして非正規雇用の規制と労働時間の短縮，家事・育児労
働を男性もするようにすること，家事労働の有償化を進めることなども
必要である。

(d)　消費税については議論が分かれるであろう（法人税や所得税の累進率，
相続税の引き上げ，大企業・富裕層優遇制度の廃止，軍事費の削減などはもち
ろん必要である）が，それは逆進的であるので，消費税率の引き上げより
女性の就労の促進が大切だと筆者は考える。

(4)　将来AIなどの発展で，労働が必要でなくなる社会が来るといわれている
（限界費用ゼロ社会＝資本主義が成立しなくなる）。そこでは人々の必要な生活
費は「労働に応じてではなく，必要に応じて」支払われるようになり，BI
やBSが全面的に発展する。現代はその準備段階である。しかしBIの資本主
義的利用については注意する必要がある。

注1）松岡由希子。"ベーシックインカムはどうだったのか？　フィンランド政府が最終報告
書を公表"，Newsweek日本版，2020年5月11日。
https://www.newsweekjapan.jp/stories/world/2020/05/post-93377_2.php
（参照2024/04/22）

注2）"ベーシックインカムをもらっても人は仕事を辞めず健康状態は改善するとの調査結
果"，Gigazine.net，2020年3月6日。
https://gigazine.net/news/20200306-basic-income-people-working-healthy/（参照2024年
4月24日）
Southern Ontario's Basic Income Experience，2020年3月。
https://labourstudies.socsci.mcmaster.ca/documents/southern-ontarios-basic-income-
experience.pdf（参照2024年4月24日）

注3）井上氏の労働観について述べておきたい。氏は労働を人間疎外の根本要因として批判
する（前掲書。p.272）。しかし労働は人間の発達にとって極めて重要なものである。氏

85

は労働そのものの重要な意義と，その資本主義的あり方との区別ができていない。また人間労働が必要でなくなった「純粋機械経済」（そこでは資本主義は自然死する）では，国民全員が資本家になり株の配当で食べていく（クーポン型市場社会主義の可能性）としている（「人工知能と経済の未来」。文春新書，2016年。212 ～ 216ページ）。まさに国民全員が寄生生活者になってしまう。

注4） 本田氏の見解に対する疑問点は，①BIがジェンダー平等につながるとされるが（前掲書。pp.166 ～ 167），それはBIによってではなく，女性が働きやすい職場環境の整備（男女同一労働・同一賃金，労働時間の短縮，育児・介護休業の充実，保育所の整備など）と，男女が平等に家事労働をするという前提のもとに，家事労働に賃金を支払うことではないだろうか。②最低賃金制度は中小企業には不利であり，BIは有利であるとする（pp.180 ～ 181）が，最低賃金は中小企業も支払うべきである。なぜならそれは法で決められた，労働力販売の最低限の対価であるからである。もしそれをBIで補うとすれば，BIは低賃金基盤を温存するものになりかねない。中小企業には必要ならば機械や原材料購入費などを補助し，人件費を補助する場合もBIとは異なった方法で行うことである。この点については，関野秀明氏が重要な提案をしている（後述）。そして大企業による下請などの中小企業収奪を厳しく規制する必要がある。

注5） 井上氏は，生活保護は選別主義であると批判しながら，BI導入後もそれを残すと主張している。よくわからない説明である。

注6） 波頭，前掲書。pp.139 ～ 140。

注7） 井出栄策「日本財政転換の指針」（岩波新書，2013年。p.33）。

注8） 海老原嗣生「年金不安の正体」（ちくま新書，2019年。pp.144 ～ 146）。今野晴貴「『職業の再建』で分断を乗り越える」（井出英策・今野晴貴・藤田孝典「未来の再建」所収。ちくま新書，2018年。pp.187 ～ 190）。

注9） 宮本太郎「生活保障，排除しない社会へ」（岩波新書，2009年。pp.140 ～ 141）。

注10） 波頭，前掲書。pp.123 ～ 125。

注11） 斎藤幸平「ゼロからの資本論」（NHK出版新書，2023年。pp.174 ～ 175）や，友寄英隆「AIと資本主義」（本の泉社，2019年。p.192）などである。

注12） 井出・今野・藤田，前掲書。pp.229 ～ 231。

注13） 増田正人・黒川俊雄・小越洋之助・真島義孝編「国民的最低限保障―貧困と停滞からの脱却」（大月書店，2010年。pp.227 ～ 228）。ILOとほぼ同様なことを指摘しているのは芝田英昭氏である。氏は税方式によって，ミーンズテストを伴わない，全ての国民のナショナルミニマムを保障する制度として，社会的扶養を徹底した「社会的扶養方式」の提案をしている（芝田編「福祉国家崩壊から再生への道」。あけび書房，2001年。pp.194 ～ 196）。氏が指摘する「社会的扶養方式」というのは，拠出を前提としないが資産調査を要せず，画一的に支給されるものである（例えば，児童手当や無拠出制年金など）。生活保護制度もそのような仕組みにしていくことが必要である。

注14） 阿部彩「子どもの貧困Ⅱ」（岩波新書，2014年。pp.104 ～ 117）。

注15）選別主義に対する批判点は二つある。一つは生活保護にみられるように，それがスティグマを伴うということであり，もう一つは中間層の支持が得られないということである。前者の批判については，生活保護が権利として確立していれば，必ずしもスティグマが生じるとは言えないのではないか。これらの見解の背景には新自由主義による権利性と国民連帯意識の弱体化がある。

注16）朝日訴訟などの生活保護費削減に対する人々の闘いについては，井上英夫・藤原精吾・鈴木勉・井上義治・井口克郎編「社会保障レボリューション」（高菅出版，2017年）に詳しい。

注17）大阪弁護士会編「貧困がわかる①」（明石書店，2010年。pp.44 ～ 52）。

注18）生活保護の問題とされる保護の滞留問題と行政コストがかかるということについて言及する。①生活保護は労働インセンティブが無いので，一度生活保護を受給するとそこから抜けられないという問題（保護の滞留問題）である。滞留する一つの原因は日本では高齢者が保護受給者の半数を占めており，働けなくなっていることがある。それを減らすためには最低保障年金制度を作ればよい。若い人には職業訓練制度を充実させ，訓練期間の延長や訓練期間中の所得保障を十分にすることなどが必要である。保護世帯への滞留を批判するが，生活保護以外の施策が不十分なため滞留せざるをえないという側面があることを理解すべきである。その他，就職したくても仕事がない，あるいは非正規しかなくて，生活保護に滞留せざるをえないことも考えられる。なんでも生活保護制度のせいにするのは誤りである。②行政コストがかかるという問題については，資産調査を簡素化し，実質的に無くしていくことで行政コストを削減するようにすべきである。なお日本の生活保護の捕捉率の低さは単にスティグマのためだけでなく，より大きな問題は，保護基準が低いために本来保護を受けられる人々が保護から排除されていることに注意すべきである。

注19）神野直彦「『分かち合い』の経済学」（岩波新書，2010年。pp.115 ～ 118）。

注20）小沢，前掲論文。pp.313 ～ 314。

注21）堤未果「沈みゆくアメリカ」（集英社新書，2014年），同「ルポ貧困大国アメリカ」（岩波新書，2008年），同「ルポ貧困大国アメリカⅡ」（岩波新書，2010年）。

注22）関野秀明氏は，現代の長期不況の原因は低賃金であるとし，最低賃金全国一律1,500円の必要性を主張され，大企業・富裕層優遇税制廃止による財源5.1兆円で中小企業を支援することを提言されている。また最低賃金引き上げが失業率を上昇させるという見解（例えば後述する原田泰氏の見解）を批判している（「インフレ不況と『資本論』」。新日本出版社。2024年，p.13，pp.159 ～ 160）。この指摘は妥当であろう。なお氏は「新しい福祉国家」のための財源30兆円について，公共事業や軍事費の削減，大企業優遇税制の廃止などによって賄うことを主張している（同。pp.215 ～ 160）。この指摘も重要である。しかし厚労省の推計では，2025年度の社会保障給付費は148.9兆円（GDP比24.4％）に達する。したがって筆者は，氏の指摘されていることの実施とともに，さらに女性の就労促進で財源を確保する必要があると考える。多くのヨーロッパ諸国で高福祉を実現できている大きな要因の一つが女性就労率の高さにあると考えるからである。

注23) 最低賃金と生活保護について述べられているのは原田泰氏である（原田「ベーシック・インカム」。中公新書，2015年）。少し長くなるが，原田氏の見解について考えよう。

(a) 氏はリフレ派の立場に立ち，かつ新自由主義的な考え方も強い。企業の社会的責任をあまり重視しない考えであり，「過度」の所得再分配には批判的である。資本主義を前提としているため，最低賃金の引き上げは失業率を上昇させる傾向があるとされ（pp.19 ～ 20），最低賃金の引き上げには懐疑的である。

(b) 生活保護水準が高すぎるとする。その理由は，一人当たり保護受給額を現役労働者の平均所得と比べると，日本は世界第7位と高いこと，購買力平価でみても日本は11位（1996年）で高いとされる（pp.22 ～ 25）。しかしこの統計利用の仕方は問題である。日本の一人当たり公的扶助給付額（生活保護給付額）は高いとされるが，そこには住宅扶助，医療扶助，教育扶助，介護扶助，生業扶助，出産扶助，葬祭扶助などが含まれている。他国はどうなのか。例えば住宅，医療，介護，教育などの現物給付が整備され，無償化またはごく安価で提供されている国々では公的扶助額が低くなる可能性がある。「統計は嘘をつく」といわれるが，この例はその典型的な統計利用である。単に数字だけでなく，その内容も比較検討する必要がある。そして生活保護水準の高低は，他の諸制度とも関連して考えねばならない。もし仮に，氏が指摘される統計数字が正しいとしても，購買力平価でみた日本の11位という順位は高すぎるとはいえない。氏が分析の対象とした諸国の中では中位である。

(c) BIはすべての社会保障政策に代替するものであるとされる。そのため基礎年金，失業保険，子ども手当，地方の民生費の一部などを廃止するとする（pp.117 ～ 118，p.122）。7万円のBIでこれらを代替できるのかという疑問があるが，特に問題なのは，医療，住宅，介護，教育などの現物サービスについてどうするのかということである。というのは，BIは現物サービスの水準に大きな影響を受けるからである。この問題についてはあまり言及されていない。これらも廃止するのか，それとも存続させるとするとその費用はどうするのかという疑問である。現物給付が不十分だと，7万円程度のBIを貰ってもどうにもならない。この点，医療保険制度については原田氏も認めている。BIで賄えない部分は生活保護費のうちの医療費（医療扶助）の運用を改善して賄う以外にないとされる（p.145）。しかし医療扶助費で国民の高額医療費を賄えるのか，そして医療以外の現物給付をどうするのかといった疑問が残る。ついでに指摘しておくと，氏は農業の所得を無理やり維持するための費用（その具体的内容は言及していない）1兆円を削減することを主張しているが（p.122），今日食料危機が叫ばれていること，EUやアメリカなどでは手厚い農業保護をしていることを考えると問題である。

(d) 20歳以上の人口につき7万円支給し，20歳未満の人口に月3万円給付すると，年96.3兆円の予算が必要となると言われる（p.118）が，それについては朝日新聞経済部「ルポ税金地獄」（文芸春秋社，2017年）は，国の税収の2倍の予算を使って一人当たり月7万円を支給しても，生活保護の一般的な給付水準を下回ると批判している（p.246）。この批判に対する氏の見解は，前述したように生活保護水準が高すぎるというものである（pp.140 ～ 144）。その他，豊かな人にもBIを支給する理由として，彼らは多額の税を支払っているので，公平の観点からBIを支給するというものであるが（p.148），しかし法人税や所得税の累進税率が引き下げられ，今日では逆進的な消費税が税収の最大を占めるようになっている。それでも富裕層にBIを給付する必要はある

88

第5章　ベーシックインカム（BI）と社会保障

だろうか。そしてBIは賃金を引き下げるかということについては，低賃金階層は賃金を引き上げなければ労働供給を増やさないから，BIが賃金を引き下げることはないとされる（pp.150～152）。氏は一方で労働供給の所得弾性値の推定値は見いだせないとしながら，他方では低所得層については女性を例に挙げ，その値が大きいとする。かつて女性は夫が働いていたため低賃金では働かなくてもよいという事情があったため，推定値が大きくなったということが考えられる。しかしそれを男性も含む低賃金層一般に当てはめるのは不合理である。さらに氏は「企業がそれほどわずかな所得しか支払わないのであれば，人々は働かないことを選ぶだろう」とされるが，食べるために低賃金で働かざるをえない人々がたくさんいることを忘れてはならない。今日では，女性雇用者の過半数がごく低賃金の非正規労働者として働いている（女性だけに限らない）ことを氏はどう考えるのだろう。一人7万円くらいのBIを貰っても，食べるために非正規などで働かざるをえない。その結果，賃金が引き下げられることは十分考えられる。そうしたブラック企業がたくさん存在するのである。まさにスピーナムランド制の二の舞になりかねない。しかしもし最低賃金制度が確立していれば，そういうことは防げるだろう。

　要するに氏は，資本主義を温存させるために最低賃金の引き上げを否定し，生活保護など社会保障を合理化・削減し，企業の負担を軽減させるためにBIを主張しているように見える。

注24）そのようにすると，生活保護受給者が労働意欲を無くし，保護に滞留するのではないかという疑問があるだろう。それについては，①BSや最低保障年金，失業保険給付金を充実させて保護受給者を減らし，かつ保護に滞留しなくてもすむように非正規雇用の規制など，労働条件を改善すること，②労働時間の短縮や職業訓練の充実で労働の苦痛を軽減し，労働に生きがいを持てるようにすること，③将来的には労働が喜びである社会にすることである。その時には，BIの「労働に応じてではなく，必要に応じて」という理念が実現できるであろう。

注25）江口健志氏は，社会変革のためには最低賃金1,500円と基礎的サービスの無償化が重要だと指摘している（『経済』No.344，2024年5月号。p.74）が，その通りである。

注26）駒村康平「日本の年金」（岩波書店，2014年。pp.167～168）。この指摘は，日本における高齢者の生活保護への滞留の解決に重要である。

注27）第二章で述べたように，農家や地場自営業は食料生産や環境保全，そして地域経済を支えるエッセンシャル・ワーカーである。しかしその経営は危機的状況にある。彼らは資本家というより事実上労働者であり，あるいはそれ以下の生活を強いられている。ヨーロッパでは農家を守るために所得保障（直接支払い）を行っているが，日本でも農家や地場自営業に最低賃金額に相当する所得保障を適用していくのも一つの考えかたであろう。

89

結びにかえて

最後に今まで述べてきた諸議論を簡単に要約しておく。

(1) 資本主義の危機が深まっている

　過剰生産による実体経済の停滞，それに対応するための大規模金融緩和によるマネー資本主義化とバブル経済化，格差と貧困の拡大，出生率低下と人口減少，そして環境破壊や食料危機などである。とりわけ日本経済は深刻である。「失われた30年」といわれるように，実体経済は長期停滞し，実質賃金と出生率は低下し続けている。最近は円安などもあり，物価高で人々の生活困窮度は深まっている。

　こうした資本主義の危機に対し，その対策が議論されてきた。そのうち新自由主義学派は規制緩和，選択的集中（先端産業への特化と既存産業の再編・整理）などを主張している。しかしこれらの政策で仮に一時的に経済が回復したとしても，いずれ行き詰まるのは過去数十年間の新自由主義路線の破綻で明白である。それに対しリフレ派やMMT派は異次元金融緩和や国債発行で需要を拡大し，景気を回復させようとしたが，景気は回復せず，円安と物価高騰をもたらし，経済のバブル化を進め，格差の一層の拡大をもたらした。そして新自由主義学派やリフレ派，MMT派の最大の問題点は，長期停滞の根本原因である大量生産とそれによる環境破壊については，何も触れていないことである。それに対し定常学派は利子率や利潤率の低下，フロンティアの消失で資本主義が行き詰まったことを正しく指摘しているが，資本主義に代わる社会はどういう社会か，そこでの生産力の発展をどう考えるかという問題点がある。マルクス学派は長期停滞の原因を，資本主義の基本矛盾である生産と消費の矛盾，すなわち利潤獲得のための大量生産と賃金抑制による消費制限に求める。この点は他の学派と比べ優れている。しかしなぜ必要生活費と賃金の格差が拡大するの

結びにかえて

か，その結果なぜ貧困が発生し，出生率が低下するのかなどの解明が不十分である。つまり労働力価値論の理論的解明が不十分である。

(2) 労働力価値論研究の意義

その意義は，資本主義的搾取と労働力の再生産が両立しえなくなり，資本主義が終焉に近づいていることを証明することである。

(a) 貧困の拡大再生産。必要生活費と賃金の格差の拡大（非正規雇用の増加などで）による「古典的貧困」（絶対的貧困）と「新しい貧困」（相対的貧困）の相互規定的拡大再生産。

(b) その結果，発達した資本主義国の出生率の低下（19世紀末の独占段階から）と少子高齢化，労働力人口の減少。そこからAIやBIの必要性が高まる。

(c) 役に立たない（使用価値がない），あるいは有害なブルシット・ジョブに高い報酬が支払われるのに，重要な労働（使用価値の大きい）なのに無償ないし安い賃金しか支払われない家事労働や介護労働などエッセンシャル・ワーカーの問題を解明する手掛かりとなる。

(d) 社会保障をめぐる矛盾の激化。必要生活費と賃金の格差の拡大は，人々の社会保障への依存を強める。その結果社会保障費の膨張。それを抑制しようとすると生活費と賃金の格差拡大による貧困の拡大と出生率の一層の低下→社会保障費のさらなる膨張，といった悪循環をもたらす。

(e) 第4次産業革命と資本主義の危機。

　(i) 限界費用ゼロ化，３Dプリントによりモノが安価に生産できるようになること，教育の無償化，シェアリングエコノミーの拡大など。

　(ii) 従来の製造業のような大規模な設備投資や工場用地を必要としなくなること，雇用者数も少なくなるため，大規模な資金を必要としなくなること。

　(iii) ブロックチェーンの発達などでクラウドファンディングが広がり，資金調達が安価でできるようになること。

(iv) 場所や空間にとらわれなくなること，企業立地が地方でも可能になること。その結果，中央集権的経済から地方分権的経済への移行の技術的基礎が形成されつつある。

(3) BIとBSについて

(a) BIの議論の背景。資本主義の危機（過剰生産と需要不足），貧困の拡大，新自由主義による生活自己責任原則の強化などである。

(b) 右も左もBIといわれるように，定義が不明確である。そのためもあり，多くのメリットやデメリットが指摘されている。

(c) BIについて，その進歩性（ないし必然性）と，その資本主義的利用を厳に区別する必要がある。BIが真の意味で「労働に応じてではなく，必要に応じて支払われる」のは，生産手段の私的所有や賃労働制度が無い社会である。

(d) BIの資本主義的利用を制限するためには，最低賃金制度の確立が必要である。この最低賃金を実質的最低保障水準（ナショナルミニマム）にし，それを基準に生活保護や最低保障年金，雇用保険などの給付額を決めることである。

(e) 生活保護は社会的扶養方式化し，資産調査を廃止し，スティグマを無くするようにする。BI論者は生活保護制度の問題点を指摘するが，なんでも生活保護制度のせいにするのは誤りである。

(f) BSの重要性。それがしっかりしていなければ，BIは効果が無い。

(g) 社会保障制度充実のための一つの財源として，女性の就労を促進すること，そしてその条件を保障することである。

(4) 地方分権的経済構造（共生経済）の実現のために

いま私たちは大量生産・大量消費による中央集権的経済構造から地方分権的経済構造（共生経済）への転換期にある。その技術的基礎が形成されつつある。しかしそれはあくまでも技術的基礎に過ぎない。それを実現するために

は，住民の主体的活動が必要である。地方自治と住民主権の確立，協同組合や
NPO，ボランティア活動等の発展が不可欠である。

【付記】　この小著は，NPO法人みやざき住民と自治研究所主催の研究会での
　　　　　報告を要約したものである。研究会に参加されていた市民の皆さんに感
　　　　　謝するものである。なお小著の第一章から第四章までは小川和憲が，第
　　　　　五章は小川隆弘が執筆したことをお断りしておく。

著者略歴

小 川 和 憲（おがわ　かずのり）

1947年1月　香川県に生まれる
現在　宮崎大学名誉教授
主要著書　『労働者状態の理論的分析』(法律文化社)
　　　　　『現代資本主義と労働者状態』(法律文化社)
　　　　　『図説　日本の社会福祉』(共著　法律文化社)
　　　　　『労働力価値論の再検討』(鉱脈社)
　　　　　　その他

小 川 隆 弘（おがわ　たかひろ）

1976年3月　香川県に生まれる
九州大学理学部化学科卒業
放送大学大学院文化科学研究科文化科学（人間発達
科学プログラム）修士課程修了
現在　宮崎第一高校教諭

労働力価値論の現代的意義

2024年8月26日 初版印刷
2024年9月1日 初版発行

著　　者　小川和憲　小川隆弘 ©

発 行 者　川口敦己

発 行 所　鉱 脈 社
　　　　　〒880-8551 宮崎市田代町263番地　電話0985-25-1758
　　　　　郵便振替 02070-7-2367

印刷・製本　有限会社 鉱 脈 社

© Kazunori Ogawa　Takahiro Ogawa 2024　（定価はカバーに表示してあります）

印刷・製本には万全の注意をしておりますが、万一落丁・乱丁本がありましたら、お買い上げの
書店もしくは出版社にてお取り替えいたします。(送料は小社負担)